Japanese Preface Sentence

일본어 '머리말'문장산책(Ⅴ)

김원호 지음

UUP

Japanese Preface Sentence (vol.V)

일본어'머리말' 문장산책(V)

2006년 8월 22일 초판 인쇄
2006년 9월 1일 초판 발행

지은이 김 원 호
발행인 정 정 길
편집인 김 호 연
발행처 UUP(울산대학교 출판부)
680-749 울산광역시 남구 무거2동 산29번지
☎ 052-259-2488, FAX. 277-3011
등록 울산시 제20호(1997. 7. 15)

ISBN 89-7868-950-7 정가 17,000원

* 이 책은 2006학년도 울산대학교 저서연구비를 지원 받아 출판되었습니다.

머리말

어느 날 우리 학생들에게 일본어를 가르치면서 문득 생각나는 것이 있었다. 그것은 다름 아닌, 일본어 서적 맨 처음에 나오는 소위 '하시가키 端書'에 관한 문장 분석이다. 이 하시가키 문장 즉, '머리말'문장은 외국어를 배우는 우리로서는 흥미롭고 참신한 문장임에 틀림없을 것이다.

일본인들이 가장 많이 사용하고 있는 국어사전『広辞苑』(新村出 編, 第3版, 1989, 7刷, 岩波書店)에는 이것을「端書」「序文」「叙文」「序」 등으로 부르며 다음과 같이 상세히 설명하고 있다.

▪ 端書(はしがき)

① 편지 등의 초두나 말미에 첨가해두는 문장〔手紙などの初頭や末尾に書 き添えた文章〕② 시가 등의 앞부분에다 그 유래에 첨가해두는 말. 端詞(はしことば)·詞書(ことばがき)〔詩歌などの前にその由来に書き添えたことば。端詞·詞書〕③ **논문이나 서**

적 처음부분에서 취급 범위나 내용의 요약 등을 기록한 문장. 序文〔論文や書籍の初めに、その取り扱う範囲や内容の要約などを記した文。序文〕

▪ 序文·叙文(じょぶん)

서적의 처음부분에 저술의 취지나 성립의 유래 등을 표시한 문장.〔書物のはじめに述作の趣旨や成立の由来などをしるした文章。〕

본서에서는 위에서 이야기한「端書의 ③」에 한정하여 문장을 분석해 보았다.

대체로,「端書」문장은, 저자 著者가 자기 자신의 저서를 압축해서 서술하고 있기 때문에 흔히들 문장의 '백미 白眉가 모두 들어 있다고 한다. 또한 여기에는 저자 나름의 독특한 문장이 잘 나타나 있어 그 저자의 개성을 잘 느낄 수 있다. 그리고 여기에는 저자 나름의 문체 文体나 다양한 경구 警句등을 잘 읽을 수 있어서 문체연구에 아주 적합한 연구대상이 될 수 있다. 또한 거기에는 저서의 발간동기, 그 발간되기까지의 감동스러웠던 이야기, 고생담, 또한 출간되기까지 은혜를 받은 사람들에게 보내는 감사의 글귀 등 다양하게 엿볼 수 있다.

본서를 기획하기 시작한 것은, 4학년 학과목「일본어문

장론」을 강의하면서부터이다. 1991년 울산대학교에서 이 과목을 처음 맡으면서 사설, 논설, 수필, 기행문, 일기, 서간문, 메모문 그리고, 녹음기의 채록문 등 일본어의 모든 장르의 문장을 다양하게 부딪쳐 보았던 것이 그 계기가 되었던 것 같다. 강의 내용도 알차게 하려고 노력했고 수강생들에게도 예상외로 호응이 좋았던 과목이다.

그러한 계기로 울산대학교 「중앙도서관」(별칭 「아산도서관」)에 있는, 일본어로 된 모든 분야의 '하시가키' 즉,'머리말'부분 (명칭은 경우에 따라서는 前書, 序, 序文, 後記, はじめに, 刊行のことば, 新版の序, 後書 등도 포함)을 채록해보겠다는 결심에 이르게 되었다.

일본어의 문체문화 文体文化란, 주지하는 바와 같이 그 카테고리가 광범위한 것은 말할 필요도 없다. 흔히 이야기하는 '듀이십진분류법 十進分類法, Dewey Decimal Classification'에 따라 진열된 「아산도서관」의 배열방식대로, 한 분야에 한권씩 그 분야에서 가장 아름답고 세련된 문장으로 보이는 것, 또는 모든 사람들에게 회자 膾炙되는 감동스러운 명구 名句가 들어가 있는 것 등을 모으기 시작했다. 처음 모으는 순간은 흥분이 되어 차분히 마음을 가라앉히기 어려웠다. 어느 날에는 강의 시간을 제외하고 거의 매일 도서관에 갈 할 정도로 그 일에 흠뻑 도취되었던 일이 한두 번이 아니었다. 상당히 애착이 가는 연구 분야라 생각하고 싶다.

그 연구의 작업은, 한 분야에 한권씩 선별해내는 것이고 하나하나 정독을 해야 했으니 보통이 아니었고 예상외로 대 작업이었다. 어떤 때는 우리학생들에게 부탁하여 1차 선정 대상 자료를 뽑아 그것을 전부 복사하게 하기도 했다. 가능하면 그 분야에서 가장 좋은 양서 良書를 고른다는 목표로 자료를 조사해보았다. 어느 때는, 출전 出典을 명기 明記하는 것을 잃어버려 기록하지 못하여 답답하기도 했다. 왜냐하면 출전 또한 중요한 근거의 자료가 되기 때문이다.

어느 날 이런 아이디어를 다른 외국어전공 교수에게 권유한 적이 있다. 그러자 "그것 참 좋은 아이디어고 참신한데요!"라고 환영하는 사람이 있는가 하면, 반면에 "그러지 말고 백과사전을 아예 통째로 분석하지 그래?"라고 일침을 놓는 사람도 있다. 내 귀에는 그저 마이동풍 격이었다.

이러한 문장 분석은, 일문과 학생뿐만 아니라 다른 과목을 전공하는 학생 즉, 공대생, 자연대생, 사회대생 등을 비롯한 모든 학생들의 전공이 다 포함되어 있어 그들에게는 더욱 보람 있고 일본어학습에 흥미를 가질 수 있는 일이라고 생각한다. 그리고 이러한 연구테마를, 지인 知人들이나 학생들에게 이야기함으로써 연구의 조언과 방법을 구할 수 있었다. 그 만큼 나에게는 애착이 가고 흥미로운 테마가 됐다고 본다.

이러한 방식으로, 일본에서 출간된 모든 분야의 서지 書誌를 '듀이의 십진분류법'에 따라 채집하여 정리해 보니 자료의 양이 상당했다. 거기에는 일본의 어문학 語文学분야를 위시하여 정치 경제 사회 문화 예술 등 모든 학문의 내용이 다 포함되어 있다. 일본어의 어휘나 문장을 학습하는데 가장 안성맞춤의 문장일 것이며 더욱 더 의의가 있는 연구가 아닐까 생각된다.

이러한 머리말형식을 통해서 해당 저자 나름의 상상력과 표현의 다양성을 엿볼 수 있어서 일본어 학습자에게는 금상첨화 錦上添花의 학습 자료가 될 수 있을 것이다.

지금은 일본어를 통한 모든 학문 정보의 습득이 필요한 시점이며, 특히 기술 분야의 정보는 더욱 그럴 것이다. 제2외국어 즉, 불어 독일어 등 선진국의 말도 많이 있지만, 그중 일본어로 쓰인 많은 분야의 정보들은 우리에게 현실적으로 가장 빨리 피부에 와 닿을 뿐 아니라 그 가치면에서도 대단하게 생각되기 때문이다.

본서는, **「일본어'머리말'문장산책」시리즈 제V권**이며, 가능한 한, 배우는 사람의 입장에서 분석 설명하였다. 다시 말하면, 학습자의 입장에서 본서를 분석해 봄으로써, 일본에 관한 모든 학문을 겉으로나마 조금이라도 이해할 수 있는 기회가 되고 일본에 관한 모든 문화를 일부분이라도 접할 수 있는 기회가 될 수 있다고 본다.

마지막으로 본서 5권을 발간하기까지 많은 도움을 준 seminar반원들과 후학 後学들에게 고마움을 전하며, 또한 편집 작업에 수고를 아끼지 않았던 편집부원들에게도 고마움을 표시하고 싶다. 더욱이 매사 정신적으로 안정될 수 있도록 연구에 도움을 준, 사랑하는 아내와 딸 나영, 지영에게도 이 기회를 빌려 고마움을 보내고 싶다.

2006년, 7월 30일

한여름 문수산 중턱의 冷風골에서

저 자

일러두기

Ⅰ. 본서의 구성은, 1장에서 10장으로 되어 있으며, 본서의 목차에 있는 매장 每章의 '머리말'에는 다음과 같은 내용으로 구성되어 있다.

1. **<출전>**

울산대학교 중앙도서관(아산도서관)에 보관하고 있는 해당 일본어도서의 서명, 저자, 출판사, 출판일자, 출판회수 등 출판사항을 상세히 제시해둔다. 먼저 머리말의 출전을 매장의 헤드라인으로 하였으며, 참고로 「도서청구번호」도 기재하여 해당도서를 적극 활용하도록 편리하게 해두었다.

2. **<머리말 본문>**

머리말 본문은, 원본 그대로 실었지만 경우에 따라 해당도서의 저자가 어휘를 잘못 사용하여 표기한 부분은 바르게 고쳐 실었다. 해석상 중요한 단어나 보충설명이 필요한 제시어는, <주해번호>를

달아 두었고 <주해>에서 상세히 설명해 두었다. 한자의 「読み方」나 전반적인 번역은 가능한 한 학습자 스스로 사전을 하나하나 찾아보면서 이해하기를 바란다.

⇨ これらの傾向に伴い、木炭などを使うことも少なくなったし、まして、[1]煙やすすの出るたき木を燃やして、[2]暖をとることは[3]極めて少なくなった。従って、木を燃して、煙を出して、その煙を利用して、食品をいぶすなど[4]ということは極めて縁が遠くなった。[5](1장 『くん製食品』より)

3. **<한자의 読み方>**

<한자의 読み方>에는, 본문의 순서대로 하나하나의 한자단어에 대한 읽는 방법을 써 두었다. 단, 일본어 중급수준의 학습자를 기준으로 하여 쉽다고 판단되는 기초적인 단어는 제외했다.

⇨ 著(いちじる)しい : 현저하다
懇篤(こんとく) : 간독, 친절하고 극진함

4. **<주해>**

(1) 본문 속에 표시되어 있는 <주해번호> 순서대

로 중요한 어휘와 어구를 상세하게 설명해 두었다. 가능한 한 이해하기 쉽도록 많은 예문을 들고 예문의 <한자>에도 최대한 가나를 달아 두었다. 가능하면 해당어휘의 유의어를 표시하였으며, 경우에 따라 의미가 애매하여 이해가 어려운 경우에는 일어·영어의 유의어 類義語도 병기 併記하여 이해에 도움을 주었다.

그리고 그 예문이 어디에서 인용되었는지 출전 出典이 필요할 경우에는, 문말에 「약어」로 명기 明記하여 이해에 도움을 주었다.

또한, 모든 용례문에는 「한글번역」을 달았으며 더욱이 한·일 韓·日의 대조비교에 도움이 되도록 하였다. 용례문의 번역은 원문내용을 최대한 전달하기 위하여 직역에 가깝게 해두었으며 영문장 英文章도 참고로 부기해 둔다.

➡ 一通(ひととお)り : 대충, 대체로 (= 一応, だいたい, 普通, general)

⇨ 彼女は一通り作法(さほう)の心得(こころえ)がある。〔プ英〕

She has a general knowledge of etiquette

그녀는 에티켓에 대한 대충의 지식을 알고 있다.

(2) 제시어가 관용어, 복합어 및 연어 등으로 사용

될 경우, <cf> 란을 두어 제시어를 이해하는 데 최대한 도움을 주었다.

■ 移(うつ)ろい : 이동, 변천, 변화, 추이 [= 移り変わること, 変化, 推移(すいい), a change, a transition]

⇨ 日本人は季節のうつろいを敏感(びんかん)に感じ分け、その情趣(じょうしゅ)を和歌(わか)などに読み込んできた。〔用例〕

일본인은 계절의 변화를 민감하게 느끼고 그 정취를 와카 등으로 읊어 왔다.

cf) 移(うつ)ろう : 옮기다, 이동하다, 변해가다, 점차 바래다, 점차 쇠퇴하다 [= 移動する, 変わる, 移り変わっていく, 色あせる, しだいに衰(おとろ)えてゆく, change, fade]

⇨ 木の間を移ろう月の光。〔泉〕

나무와 나무 사이를 옮겨 다니는 달빛.

⇨ 晩秋(ばんしゅう)にはこの美しい色も移ろって茶色(ちゃいろ)になる。〔ニュ和英〕

만추에는 이 아름다운 색도 바래 갈색이 된다.

(3) 경우에 따라 제시어의 해설이 필요하는 경우에는, 부호 ☞ 를 사용하여 설명한다.

■ コックス(cox) : 경기용 보트의 타수 (= 競技用ボートのかじとり役, 舵手, だしゅ)

☞ エイト(eight) : 타수를 제외하고 여덟 명이 노를 젓는

경조용 보트 (舵手を除いて八人でこぐ競漕用ボート競技)

(4) 제시어의 표기는, 먼저 한자를 표기하고 후리가나(가나쓰기)해 두었다. 경우에 따라서는, 그 한자로 자주 사용되고 있지 않을 경우에는, 후리가나를 먼저 표기하고 나중에 한자를 표기해 두기로 한다.

➡ 施(ほどこ)す　真剣(しんけん)だ　くつろ(寛)ぐ　うなず(肯)く

5. <머리말본문 번역>

머리말 본문의 번역은, 원문의 내용을 최대한 전달하기 위하여 직역 直訳을 주로 하였다. 경우에 따라서는 자연스러운 번역으로 의역 意訳해 둔 곳도 있다.

Ⅱ. 본서에서 사용하는 일본어의 <품사 및 용어의 약어>는, 편의상 다음과 같이 <약어>로 표시하기로 한다.

<품사 및 용어의 약어>

N : 명사

V : 동사

5단 : 5단활용동사

自 : 자동사

他 : 타동사

A : 형용사(일명 イ형용사)

Av : 형용동사(일명 ナ형용사)

助v : 조동사

부 : 부사

접 : 접속사

조 : 조사 (종조 : 終助詞)

연체 : 연체사

연어 : 連語形 (예, ～かもしれない)

접두 : 接頭語

Ⅲ. 권말 부록에 한국어·일본어·영어의 <색인>란을 별도 설정하여, 해당 어휘의 의미·표현을 찾아보기 쉽도록 배려해 두었다.

Ⅳ. 본문에 사용한 <용례문의 참고문헌>은 다음과 같다.

〈용례문의 참고문헌〉

[약어]

·新村出(1989),『広辞苑』, 3版, 岩波出版 ⇒〔広〕

·松村明 監修(2005), 大辞泉, 増補新装版, 第1版, 1刷, 小学館 ⇒〔泉〕

·------ 編(2005), 大辞林, 第2版, 三省堂 ⇒〔林〕

·国広哲弥 編(2005), プログレッシブ英和中辞典, 第3版, 6刷, 小学館 ⇒〔プ英〕

·小西友七 編(1996), ニューセンチュリー和英辞典, 第2版, 三省堂 ⇒〔ニュ和英〕

·山岸勝栄 編(2001.4), スーパーアンカー和英辞典, 2刷, 学習研究社 ⇒〔スーパー〕

·竹林滋 編(1994),『新英和中辞典』第 6 版, 研究社 ⇒〔新和英〕

·文化庁(1973),『外国人のための基本語用例辞典』, 大蔵省印刷局] ⇒〔用例〕

·林史典 編(1992),『15万例文·成句 現代国語用例辞典』, 教育社 ⇒〔例文〕

·グル－プ· ジャマシイ 編(1998.2),『日本語文型辞典』, くろしお出版 ⇒〔文型〕

·小学館 辞典編輯部(1994),『使い方の分かる類語例解辞典』, 小学館 ⇒〔使〕

·김원호 (2004),『Topics Japanese Sentence 토픽일본어문장』(상, 하), UUP ⇒〔토픽〕

·김원호 ('05, '06),『일본어'머리말'문장산책』(Ⅰ,Ⅱ,Ⅲ,Ⅳ,Ⅴ), UUP
⇒〔머리〕
·www. yahoo. co. jp ⇒〔yp〕
·朝日新聞「天声人語」欄 ⇒〔天声〕
·朝日新聞 ⇒〔朝日〕
·每日新聞 ⇒〔每日〕

목차

제1장

くん製食品

あるスモークハウス(燻製工房)。木立てに囲まれたログハウスの中、赤レンガのスモーカーが無添加のスモーク(燻製)を作り出す。

ベーコンは長期間保存できる食品。ベーコンは豚のばら(三枚肉)を整形し、塩漬した後、長時間燻煙(くんえん)したもので、「スモークベーコン」とも呼ぶ。

《제1장》

출전

太田静行(おおだしずゆき)、『くん製食品』、1983年 6月 改訂 (1978年 9月 初版)、恒星社厚生閣

(도서청구번호 : 641.46 태74ㅋ)

머리말 본문

まえがき

近年、日本人の生活様式は著しく向上して、石油や各種のガスストーブが各家庭に普及し、またセントラルヒーティングなどの暖房法も珍しくなくなった。

これらの傾向に伴い、木炭などを使うことも少なくなったし、まして、[1]煙やすすの出るたき木を燃やして、[2]暖をとることは[3]極めて少なくなった。従って、木を燃して、煙を出して、その煙を利用して、食品をいぶすなど[4]ということは極めて縁が遠くなった。[5]それで、世間[6]一般の人々にとってはくん製食品をつくるなどということは日常の生活から無縁[7]のものになった。また、全般にくん製食品を食べることも稀である。

しかし、くん製食品のよくできたものは食べると極めて美味な[8]ものである。また、くん製食品は他の食品に比べて保存性も優れている。くん製食品は一般に高価なものが多いし、世間一般もそう考えているが、これらの事情は消費者の立場に立てばあまり歓迎すべきことではないけれども、生産する立場になれば、原料や製造工程において、原価計算上、余裕ができることになる。

くん製はいうまでもなく食品加工法の一法である

が、[9]乾燥とか塩蔵とか冷凍などの諸加工法に比べて、書物を読んだだけでは「くん製」という方法は理解しにくいものと思われる。私は現在、水産利用学の講座を担当しており、学生諸君に対し、毎年、水産利用学という課目の講義をしている。それで、講義をするためには、とにかく、自分でてがけてみることが必要と考えて、卒業実験の学生と一緒に、何種類かの魚や貝のくん製をつくったり、煙の成分を集めて、ガスクロマトグラフィーに[10]かけたりした。もちろん、商品として売れるくん製食品をつくるには種々の習練と多くの経験を積まなければならないが、くん製らしいものをつくることは意外に簡単で、また、かなりのできそこないでも[11]結講[12]美味なものになる。 元来くん製というものは未開の原始人でもやっていたことで、まして製造の概要は種々の本にも書いてあるのだから、むしろ、食品化学とか食品製造学などをかじった[13]われわれにできない方がおかしいくらいのものである。「案ずるより産むがやすし」[14]とはうまくいったものである。

しかし、くん製らしいものをつくれるということと、商品として売れるくん製食品を製造するということは全く別の問題で、くん製食品を市販するためには極めて多くの知識を必要とする。少なくとも、同一の製品を失敗なくつくれるようにならねばならない。くん製食品の原料の前処理を同じ条件で行なわねばならないし、原料の新鮮度に相違があるならば同じ製品になるように前処理の条件をかえねばならない。くん煙を発生させるくん材についても、同種のものを同じ条件で燃やし、同じように製品に付着させねばならない。

このあたりが、くん製がやさしいようでむずかしく、技術が不必要なようで、実際は必要なところと思われる。また、従来の知見も[15]意外に蓄積が少なく、たとえば、くん材としてなぜヒッコリーが[16]多く使われるか、くん煙成分の中でどの成分が風味に[17]関与しているのかなどの点も判然としていない。[18]

本書はくん製を実際につくる場合に問題になりそうな点について、従来の知見をまとめたものである。学生諸君と一緒に実験をする時に、少しはまとまった話ができるようにしたいというのがその動機であった。それで、くん材、くん室、くん煙成分、くん製の意義などについて解説に、あわせて、くん製工程中における成分の変化や微生物の消長などに[19]ついても考察した。また、近年、くん煙中の多環芳香族化合物に関連して、くん製食品の安全性に不当な危惧[20]がもたれているようなので、この点についてもできる限りの考察を加えてみた。

種々のくん製食品の製造法(第12章)については現在の自動化されたスモークハウスの紹介よりも旧来の[21]製造法にウエイトをおいた。たとえば畜肉ソーセージの製造において、最近ではくん煙発生装置とスモークハウスを組合わせた温度、湿度、くん煙濃度が自動調整できるものに変り、従来の自然通風式のくん室などはもう日本では例外的なものとなっているが、畜肉ソーセージの製造の原理と基本的な条件を紹介するためには、古来の方法の方が適当と考えたためである。

本書をまとめるに当って、多くの先生方から御指導をいただいた。先ず、くん煙の諸成分について、正確には木材の熱分解生成物というべきであるが、農林省林業試験場の栗山旭先生から誠に御懇篤な[22]御教示を長時間いただき、研究方法の御指導までいただいた。

くん煙装置は近年規模が著しく大きくなり、大工場では自動化され、中には連続化されたところが少なくない。日本でも国産のものもあるが、アメリカや西独から種々の型式のものが輸入されている。これらの特徴などについてはイトマンエンジニヤリングの美濃部三郎氏をはじめ多くの方々に御説明をいただくことができた。

各種のくん製食品の製造法については、新潟大学農学部の野並慶宣先生、都立農芸高校の田中久男先生、協同乳業KKの佐藤正治主幹をはじめ多くの先生方から資料をいただきまた文献の御紹介をいただいた。

くん製食品の調理については古河調理師専門学校の西相子校長に分担執筆の労をわずらわせた。[23)]本書中のくん製食品を利用した各料理はすべて試作し、試食ずみである点、大いに自信をもつところである。

また、元、北海道大学水産学部の谷川英一教授、秋場稔教授の御講義用のプリント、「燻製食品」、斉藤義蔵氏らの「食肉加工法」(恒星社厚生閣刊) からの転載の御許可をいただいた。

このほか、多くの先生方の御援助と御指導をいただいたことを付記し、ここに厚く御礼申し上げる。

くん製食品は古くて新しい食品である。くん製食品は一般に保存性もよいが、それよりも、とにかく食べてうまいものである。くん製という工程は保存食品をつくるという目的よりも、むしろ、調味料を使用するのと同様に食品の味をよくする、[24]あるいは複雑にするための工程と考えることができる。くん製食品の範囲は広く、ハム、ソーセージなどの畜肉加工品から種々の珍味まで多くのものがあるが、本書が、このくん製食品の生産量を増やし、その範囲を広げるのに役立てば誠に幸いである。

昭和 53年 8月　　太田 静行

한자의 読み方

くん製(せい) : 훈제(= 燻製)
石油(せきゆ) : 석유
暖房法(だんぼうほう) : 난방법
伴(ともな)う : 따르다, 동반하다
煙(けむり) : 연기
無縁(むえん) : 무관계, 인연이 없음
稀(まれ)だ : 드물다
保存性(ほぞんせい) : 보존성
高価(こうか) : 고가
歓迎(かんげい)する : 환영하다
原価(げんか) : 원가
加工法(かこうほう) : 가공법
塩蔵(えんぞう) : 염장
利用学(りようがく) : 이용학
貝(かい) : 조개
習練(しゅうれん) : 습련, 배우고 익힘
意外(いがい)に : 의외로, 뜻밖에
未開(みかい) : 미개
概要(がいよう) : 개요
産(う)む : 낳다, 만들어 내다
失敗(しっぱい) : 실패
条件(じょうけん) : 조건
相違(そうい) : 상위, 서로 다름
くん材(ざい) : 훈재(= 燻材)
付着(ふちゃく)する : 부착하다
蓄積(ちくせき) : 축적
関与(かんよ)する : 관여하다
著(いちじる)しい : 현저하다
普及(ふきゅう)する : 보급하다
傾向(けいこう) : 경향
木炭(もくたん) : 목탄
燃(も)やす : 태우다
全般(ぜんぱん) : 전반
美味(びみ)だ : 맛있다
優(すぐ)れる : 뛰어나다, 우수하다
消費者(しょうひしゃ) : 소비자
製造(せいぞう) : 제조
余裕(よゆう) : 여유
乾燥(かんそう) : 건조
冷凍(れいとう) : 냉동
実験(じっけん) : 실험
種々(しゅじゅ) : 각종, 여러 가지
積(つ)む : 쌓다
出来損(できそこ)ない : 불량품
原始人(げんしじん) : 원시인
案(あん)ずる : 염려하다, 걱정하다
市販(しはん)する : 시판하다
処理(しょり) : 처리
新鮮度(しんせんど) : 신선도
くん煙(えん) : 훈연(= 燻煙)
同種(どうしゅ) : 동종, 같은 종류
知見(ちけん) : 식견, 견해
成分(せいぶん) : 성분
判然(はんぜん) : 명료함

従来(じゅうらい) : 종래
動機(どうき) : 동기
解説(かいせつ) : 해설
工程中(こうていちゅう) : 공정 중
微生物(びせいぶつ) : 미생물
消長(しょうちょう) : 성쇠
考察(こうさつ)する : 고찰하다
化合(かごう) : 화합
多環芳香族(たかんほうこうぞく) : 다환 방향족
危惧(きぐ) : 근심하고 두려워함, 위구
旧来(きゅうらい) : 구래, 종래
畜肉(ちくにく) : 축육
装置(そうち) : 장치
組合(くみあ)わせ : 짜 맞춤, 조합, 편성
湿度(しつど) : 습도
濃度(のうど) : 농도
調整(ちょうせい) : 조정
通風式(つうふうしき) : 통풍, 환기식
原理(げんり) : 원리
古来(こらい) : 고래, 예로부터
熱分解(ねつぶんかい) : 열분해
御指導(ごしどう) : 지도의 높임말
生成物(せいせいぶつ) : 생성물
農林省(のうりんしょう) : 농림성
林業(りんぎょう) : 임업
試験場(しけんじょう) : 시험장
誠(まこと)に : 실로, 참으로
教示(きょうじ) : 교시
大工場(だいこうじょう) : 대 공장
懇篤(こんとく) : 간독, 친절하고 극진함
国産(こくさん) : 국산
連続化(れんぞくか)する : 연속화하다
型式(けいしき) : 형식
西独(ニシドイツ) : 서독
特徴(とくちょう) : 특징
農学部(のうがくぶ) : 농학부
農芸(のうげい) : 농예
協同(きょうどう) : 협동
乳業(にゅうぎょう) : 유업
主幹(しゅかん) : 주간
文献(ぶんけん) : 문헌
調理(ちょうり) : 조리
調理師(ちょうりし) : 조리사
分担(ぶんたん) : 분담
執筆(しっぴつ) : 집필
試作(しさく)する : 시작하다
試食(ししょく) : 시식
大(おお)いに : 대단히, 크게
食肉(しょくにく) : 식육
転載(てんさい) : 전재
付記(ふき) : 부기, 덧붙여 적음
恒星社厚生閣(こうせいしゃこうせいかく) : 출판사名(新宿区三栄町소재, 1922年창업)
保存(ほぞん) : 보존
工程(こうてい) : 공정
調味料(ちょうみりょう) : 조미료
同様(どうよう)に : 다름없이
範囲(はんい) : 범위
加工品(かこうひん) : 가공품
珍味(ちんみ) : 진미
増(ふ)やす : 늘리다
幸(さいわ)い : 행운, 행복

주해

1. 況(ま)して : 하물며, 더욱이, 더구나 (= なおさら, いわんや, いっそう, さらに, もっと, 肯定文에는 much more, 否定文에는 much less, not to mention)

⇨ 歩くことさえ無理(むり)なのに況して走れるはずがない。
건는 것조차 무리인데 하물며 달릴 수 있을 리 만무하다.

⇨ 弟子(でし)の作品があれほど立派(りっぱ)なのだから、ましてやその師(し)の作品はもっと立派だったに違いない。
If the disciple's work is so splendid, his teacher's (work) must have been much more so.
제자의 작품이 상당히 훌륭하기에 하물며 그 선생님의 작품은 더욱 훌륭할 것이다.

⇨ 作品を尊敬する事も況して重要なのである。
작품을 존중하는 일도 더욱이 중요한 것이다.

⇨ その町には美術館がある。まして図書館は当然ある。
There's a museum in the city, not to mention a library.
그 동네에는 미술관이 있다. 더구나 도서관은 당연

히 있다.

2. 燃(も)やす : 켜다, 불태우다, 연소시키다 [= 点火(てんか)する, 焼く, 心を高ぶらせる, 熱中する, light, burn, kindle, burn with]

⇨ ろうそくを燃やす。light a candle.
양초를 켜다.

⇨ 火を燃やして部屋をあたためる。
불을 피워 방을 따뜻하게 하다.

⇨ 研究に情熱(じょうねつ)を燃やす。〔ニュ和英〕
burn with passion [enthusiasm] for one's research.
연구에 정열을 불태우다.

⇨ 好奇心(こうきしん)を燃やす。
be consumed with curiosity.
호기심을 불태우다.

⇨ 友達に対して競争心(きょうそうしん)を燃やして勉強する。〔用例〕
친구한테 경쟁심을 불태워 공부하다.

3. 暖(だん)を取(と)る : 따뜻하게 하다, 난방을 하다 (= warm oneself)

⇨ 食後はコーヒー&焚火(たきび)で暖を取りながらの

フィッシングやら釣(つ)り談義(だんぎ)の楽しい一日でした。〔yp〕

식후에는 커피와 모닥불로 따뜻하게 하면서 낚시를 한다든가 낚시이야기로 즐거운 하루였습니다.

⇨ 動物の多くは雄(おす)は単独で行動して、雌(めす)は群(む)れていると知られていますが、リスに関しては逆が言えます。雄のリスは、グループで木の穴の中で一緒に暖を取ったり、お互いに毛づくろいをしたりしますが、雌は単独で雄や他の雌の助けを借りずに子育てをします。〔yp, リス〕

동물의 대부분은 암컷은 단독으로 행동하고 수컷은 무리를 지으면서 행동한다고 알려져 있는데 다람쥐는 반대입니다. 암컷 다람쥐는 그룹을 지어 나무 구멍 속에서 함께 따뜻하게 하거나 서로 털 손질을 하거나 하는데, 수컷은 혼자서 암놈이나 그 밖의 도움을 받지 않고 새끼를 키웁니다.

4. 燻(いぶ)す : 연기를 피우다, 연기로 그슬리다, 불에 굽다 [= 魚·肉などを薫製(くんせい)にするため, また害虫(がいちゅう)などを追い出すため, smoke, fumigate]

⇨ 台所から蚊(か)をいぶし出す。

smoke mosquitoes out of the kitchen.

부엌에서 모기를 연기를 피워 쫓아내다.

⇨ かまどの煙でだいどころの天井(てんじょう)をいぶす。

아궁이의 연기로 부엌의 천장을 그슬리다.

⇨ 衣類(いるい)すべてをいぶして消毒(しょうどく)する。

fumigate all one's clothes. [ニュ和英]

모든 옷을 연기로 그슬려 소독하다.

⇨ 魚をいぶしてたべる。

생선을 구워먹다.

5. 縁(えん)が遠(とお)い : 관련이 없다, 인연이 멀다, 연분이 멀다 [=「縁遠い」라고도 함, あまり縁がない, 結婚の相手がなかなか見つからない, not closely related having scant chance to get married]

⇨ 哲学には縁遠い。

I don't know much about philosophy.

철학과는 그다지 관련이 없다.

⇨ 縁遠い娘。

a girl with little prospect of getting married.

연분이 먼 아가씨.

⇨ 従って、木を燃して、煙を出して、その煙を利用して、食品をいぶすなどということは極めて縁が遠くなった。

[머리V, 본문]

따라서 나무를 태워 연기를 내어 그 연기를 이용

해, 식품을 그을리는 등의 일은 매우 드물어졌다.

6. 世間(せけん) : 속세, 세상, 일반사람들, 교제·활동의 범위, 보통의 [= 世の中, 世の習い, 人生, 一般の人々, 普通の, the public, the world, the ways of the world(life), people, ordinary]

⇨ 俗(ぞく)世間から離(はな)れて暮(く)らす。

속세와 떨어져 살다.

⇨ 今の世間の風潮(ふうちょう)は学力(がくりょく)一本(いっぽん)やりだが、わたしはそれに対し異見(いけん)を持っているのです。〔例文〕

지금 세상의 풍조는 학력을 제일로 하지만, 나는 그것에 대해서 이견을 가지고 있습니다.

⇨ あの人は、たしかに学はありそうだが、世間知らずのおぼっちゃんだね。〔例文〕

그 사람은 확실히 학문은 있어 보이지만 세상 물정 모르는 철부지야.

⇨ 世間ずれしている。〔ニュ和英〕

be too wise to the ways of the world.

세상살이 고생으로 교활해져있다.

⇨ 世間話(ばなし)をする。〔ニュ和英〕

make small talk.

세상이야기하다. 여러 가지 일에 대해 잡담을 하다.

⇨ 世間は広いようで狭いものですね。〔ニュ和英〕

It's (such) a small world, isn't it? [indeed.]

세상은 넓은 것 같지만 좁아요.

⇨ 彼の名は世間にほとんど知られていない。

그의 이름은 세상에 거의 알려져 있지 않다.

⇨ 世間の口がうるさいから、これは内緒(ないしょ)だ。〔プ英〕

사람들의 입이 시끄러우니까 이건 비밀이야.

⇨ その番組(ばんぐみ)は世間の批判(ひはん)で放送中止(ちゅうし)にせざるを得なかった。

Public criticism forced the program off the air.

그 프로는 세상 사람들의 비판으로 방송 중지하지 않을 수 없었다.

⇨ あの人は頑固(がんこ)なので自分で世間を狭(せま)くしている(= 交際範囲が狭い)。〔ニュ和英〕

He is stubborn, so he has a small circle of acquaintances.

그 사람은 완고하니까 스스로 교제 범위를 좁히고 있다.

⇨ 世間並(な)みの暮(く)らしをする。

live an ordinary life.

보통 수준의 생활을 하다.

7. 無縁(むえん) : 무연, 관계가 없음, 연고자가 없음 [= 関係がない, 縁者(えんじゃ)がない, have no relation to, have no relatives]

⇨ そんな大金(だいきん)には全(まった)く無縁だ。〔プ英〕
그런 큰돈과는 전혀 관계없다.

⇨ この事件とは無縁である。
이 사건과는 무관하다.

⇨ 無縁の墓(はか)。an unknown person's grave.
연고가 없는 묘지.

⇨ 無縁仏(ぼとけ)。
a person who died leaving no one to attend to his grave.
연고자가 없는 망자.

8. 美味(びみ)だ : (Av) 맛있다 (= おいしい, delicious). 美味(びみ) : (N) 미식(= an epicure)

⇨ 旬(しゅん)の魚は美味だ。
제철의 나온 생선은 맛있다.

⇨ 美味に飽(あ)きる。
미식에 싫증이 나다.

⇨ 美味を好(この)む人。미식가.

9. 一法(いっぽう) : 한 방법, 한 가지 수단 [= 一つの方法

(ほうほう)]

⇨ 相談してみるのも一法だ。

의논하는 것도 한 방법이다.

⇨ 無視(むし)するのも一法だ。

무시하는 것도 한 방법이다.

10. ガスクロマトグラフィー：(化学) 유기화합물 혼합체 분석법, 가스 크로매트 그래피 (= gas chromatography)

☞ 化学分析法の一。適当な充填剤(じゅうてんざい)をつめた数メートル以上の細管(さいかん)に気体(きたい)試料または気化した液体(えきたい)試料を不活性(ふかっせい)な気体とともに通過させると、充填剤に対する吸着性(きゅうちゃく)・溶解性(ようかいせい)の差異によって各成分ガスの通過速度に差が出る。これを利用して試料の成分ガスを分離し、定性(ていせい)と定量(ていりょう)とを行う方法。有機化合物(ゆうきかごうぶつ)の多成分混合物(こんごうぶつ)の分析が容易であるので広く用いられる。〔林〕

화학분석법의 하나. 적당한 충전제를 채운 수 미터 이상의 세관에 기체시료 또는 기화한 액체시료를 불활성 기체와 함께 통과시키면, 충전제에 대한 흡착성·용해성의 차이에 의해서 각 성분 가스의 통과

속도에 차가 난다. 이것을 이용해 시료의 성분 가스를 분리하고, 정성과 정량을 실시하는 방법. 유기화합물의 다성분 혼합물의 분석이 쉽기 때문에 널리 사용된다.

11. 出来損(できそこ)ない : (N) 잘못됨, 실패함, 됨됨이가 좋지 못함, 남을 욕하는 말, 등신 [= 失敗作(しっぱいさく), 不出来(ふでき)な物, ろくでなし, 役立(やくだ)たず, a failure, a good-for-nothing]

⇨ できそこないのパン。badly baked bread.
잘못 구운 빵.

⇨ でき損ないの事業。an abortive project.
실패한 사업.

⇨ このちゃわんはできそこないで変(へん)な形をしている。
이 찻잔은 실패작이어서 모양이 이상하다.

⇨ 彼はセールスマンとしてでき損ないだった。〔プ英〕
He was a failure as a salesman.
그는 세일즈맨으로서 실패한 사람이었다.

⇨ このでき損ないめ。You good-for-nothing!
이 쓸데없는 놈.

⇨ できそこないのくせに、生意気(なまいき)だ。〔用例〕
등신 주제에 건방지다.

12. 結構(けっこう) : (N) 구성, 짜임새, (Av, -だ) 훌륭하다, 더할 나위 없다, 다행이다, 충분하니까 이제 되다, (부) 꽤, 상당히, 제법 [= 構造, 好ましい, すてきだ, 間に会う, 満足である, 十分なので不要である, かなり, おおむね, 相当に, the structure, good, nice, rather, pretty, fairly]

⇨ 創作(そうさく)の結構。
the structure of a creative work.
창작의 구성.

⇨ 結構なお味です。
It's very good./It's delicious.
훌륭한 맛입니다.

⇨ 結構な品物(しなもの)をありがとうございました。
Thank you very much for the nice [wonderful] present.
훌륭한 선물 고맙습니다.

⇨ 運転免許証(めんきょしょう)かパスポートをお持ちでしたらそれでも結構です。〔ニュ和英〕
If you have a driver's license or a passport, that will be sufficient [fine] as well.
운전면허증이나 여권을 갖고 계시면 그것이라도 좋습니다.

⇨ 「おかわりはいかがですか。」「いやもう結構です。おなかがいっぱいです。」〔ニュ和英〕

「더 하실래요?」「아뇨, 이제 됐습니다. 배가 부릅니다.」

⇨ 「9:15の飛行機の便がございます。よろしいでしょうか。」「ええ、それで結構です。」

「9시 15분 비행기 편이 있습니다. 괜찮은지요?」「네, 괜찮습니다.」

⇨ ほんの少しで結構ですから時間をいただけませんか。

Would you please spare me a little bit of your time?

조금이라도 괜찮으니까 시간을 내주실 수 있는지요?

⇨ このワインは結構いける。

This wine is rather [fairly, pretty, quite] good.

이 와인 진짜 좋아.

⇨ 古いカメラでも結構うつりますよ。

낡은 카메라라도 잘 찍힙니다.

⇨ まだ時間があるから、歩いて行っても結構間に合いますよ。〔用例〕

아직 시간이 있으니 걸어서 가도 꽤나 충분해요.

⇨ 彼女は虫も殺(ころ)さぬような顔をして、あれでけっこうきついことを言うんだよ。〔例文〕

그녀는 착한 얼굴을 하고서 꽤나 과격하게 말하네.

13. かじる : (5단) 갉아먹다, 그저 조금 알다 (= かむ, 少しずつかむ, 少し知る, bite, nibble, know a little of)

⇨ ビスケットを一口かじる。

have [take] a bite of a biscuit.

비스킷을 한입 먹다.

⇨ ネズミが壁をかじって穴をあけた。〔ニュ和英〕

The mice nibbled a hole in the wall.

쥐가 벽을 갉아 구멍을 뚫었다.

⇨ いつまでも親のすねをかじるわけにはいかない。

언제까지나 부모에게 얹혀 살 순 없다.

⇨ ドイツ語を少しかじっている。

He knows a little of German.

독일어를 조금 알고 있다.

14. 案(あん)ずるより産(う)むが易(やす)し : (諺) 막상 해보니 걱정했던 것보다 쉽다 (= 物事は実際に行なってみると事前に心配していたほど難しくはない, The fear often greater than the danger)

cf) 案(あん)ずる : 걱정하다, 생각해 내다 [= 案(あん)じる, 心配する, 危(あや)ぶむ, worry about, be anxious about, fear]

⇨ 試験は案じたほどでもなく、無事に終わった。
시험은 걱정했던 것과는 달리 무사히 끝났다.

⇨ いろいろ考えた結果、一策(いっさく)を案じてトリックを使うことにした。
여러 가지 생각 끝에 계략을 짜내어 트릭을 사용하기로 했다.

15. 知見(ちけん) : 지식, 견식 [= 知識(ちしき), 見識(けんしき), knowledge]

⇨ 豊(ゆた)かな知見。a rich store of knowledge.
풍부한 지식.

⇨ 野生生物の生物学的(せいぶつがくてき)知見。
야생생물의 생물학적 지식.

⇨ 専門的な知見を簡易(かんい)に利用する方法。
전문적인 지식을 쉽게 이용하는 방법.

⇨ 今回は、吉田先生をお招(まね)きし脳卒中(のうそっちゅう)の基礎的な神経科学(しんけいかがく)から最新(さいしん)の神経科学の知見まで講義していただく予定です。〔yp, 講演会〕
금회는 요시다 선생님을 초빙하여 뇌졸중의 기초

적인 신경과학에서부터 최신의 신경과학 견식까지 강의를 들을 예정입니다.

16. ヒッコリー : 히코리, 북미산 호두 나뭇과의 식물 (= a hickory)

☞ クルミ科。五、六月ごろ、雄花(おばな)と雌(めばな)花とが咲く。果実は長楕円形(ちょうだえんけい)で、ペカンといい、食用にする。材は家具やスキー板などに使用。北アメリカの原産。〔泉〕

호두과. 5, 6월경 수꽃과 암꽃이 핀다. 과실은 장타원형으로 페칸(pecan)이라 부르며 식용이다. 재료는 가구나 스키 플레이트 등에 사용하며 북아메리카가 원산지.

17. 風味(ふうみ) : 풍미, 맛, 음식물의 독특한 맛 [= 食べ物のおもむきのある味わい, おもむき, 風情(ふうじょう), 香味(こうみ), 味, a flavor, a taste]

⇨ この菓子は風味がよい。

This cake has wonderful flavor.

이 과자 맛은 놀랍다.

⇨ そのコーヒーにはすばらしい風味がある。

The coffee has a wonderful flavor.

그 커피에는 훌륭하면서도 독특한 맛이 있다.

⇨ 缶詰(かんづめ)の魚は鮮魚(せんぎょ)にある風味が欠(か)けている。〔ニュ和英〕

Canned fish lacks the flavor of fresh fish.

통조림 고기는 신선어에 들어있는 맛이 없다.

⇨ レモンは紅茶に風味を添(そ)える。〔プ英〕

Lemon adds flavor to tea.

레몬은 홍차 맛을 더욱 보태어준다.

⇨ 肉にこしょうで風味を付ける。

season the meat with pepper.

고기에 후춧가루를 쳐 맛을 더한다.

18. 判然(はんぜん)と : (부) 분명히, 확연히 (= 明らかに, はっきり, clearly, distinctly)

⇨ 論旨(ろんし)がどうも判然としない。

논지가 아무래도 분명하지 않다.

⇨ どちらをとるか判然と決め兼(か)ねている。〔プ英〕

I cannot make a definite choice between the two.

어느 쪽을 취할지 분명히 정하지 못하고 있다.

⇨ 二つの間には判然とした相違が見られる。〔プ英〕

There are distinct differences between the two.

두 건 사이에 확연한 차이를 볼 수 있다.

⇨ 彼がなぜ来なかったのかその理由が判然としない。
I cannot see clearly why he didn't come.
그가 왜 안 왔는지 이유가 확실치 않다.

19. 消長(しょうちょう) : 성쇠, 쇠약과 성함, 흥망성쇠 [= 勢(いきお)いが衰(おとろ)えたり盛んになったりすること, 盛衰(せいすい), ups and downs, rise and fall]

⇨ 国運(こくうん)の消長。
the ebb and flow of a nation's fortunes.
국운의 성쇠.

⇨ 文明(ぶんめい)の消長。
문명의 성쇠.

⇨ 国力(こくりょく)が消長する。
국력이 성쇠하다.

20. 危惧(きぐ) : 위구, 잘될지 어떨지 걱정하고 염려함 [= うまくいかないのではないかとあやぶむこと, 危懼(きく), 不安, 心配, a fear, an anxiety]

⇨ 一抹(いちまつ)の危惧の念(ねん)を抱(いだ)く。
have slight misgivings about.
일말의 위구심을 품다.

⇨ 彼はその点を危惧している。

그는 그 점을 걱정하고 있다.

21. 旧来(きゅうらい)の : 옛날부터의, 인습적인 [= 古くからの, 因習的(いんしゅうてき)な, old, conventional]

⇨ 旧来の陋習(ろうしゅう)を破(やぶ)る。〔プ英〕
do away with misguided practices of the past.
옛날부터의 악습을 타파하다.

⇨ 旧来の方式(ほうしき)に従う。
follow the conventional method.
인습적인 방식에 따르다.

22. 懇篤(こんとく)だ : 간독하다, 친절하고 극진하다, 친절하고 정이 두텁다 [= 懇切(こんせつ)丁寧(ていねい)で心がこもっている]

⇨ 懇篤な説明。간독한 설명.

⇨ 懇篤なご書面(しょめん)に接して恐縮(きょうしゅく)している。
극진한 서면을 접해 황공스럽다.

⇨ 懇篤を極めた追悼文(ついとうぶん)。〔泉〕
너무나 극진하고 정중한 추도문.

⇨ 懇篤そうな老人(ろうじん)。
친절하고 정이 두터워 보이는 노파.

23. 労(ろう)を煩(わずら)う : 수고하다, 노고에 고생하다

⇨ くん製食品の調理については古河調理師専門学校の西相子校長に分担執筆の労をわずらわせた。〔머리V, 본문〕

훈제식품의 조리에 대해서는 후르가와 조리사전문학교의 니시 아이코 교장선생님에게 집필분담의 수고를 끼쳤다.

cf) 煩(わずら)う : 걱정하다, 고민하다 [= あれこれと心をいためる, 悩(なや)む, 思い悩む]

⇨ 子供の将来を煩う。

어린이의 장래를 걱정하다.

⇨ 近年アレルギー性疾患(しっかん)をわずらう人がますます増えている。〔yp, アレルギー〕

최근 알레르기성 질환을 고민하는 사람이 점점 증가하고 있다.

⇨ ストレス社会と言われる昨今(さっこん)胃十二指腸潰瘍(い-じゅうにしちょう-かいよう)をわずらう人が増えています。この病気にはどのような食事をすれば良いのでしょうか。〔yp, 飲食〕

스트레스 사회라 불리는 요즈음 위십이지장 궤양을 고민하는 사람이 증가하고 있습니다. 이 병에는 어떤 식사를 하면 좋을까요?

24. 味(あじ)をする : 맛을 내다 (= improve the taste of)

⇨ マヨネーズと卵黄(らんおう)とコーンクリームを混(ま)ぜ合(あ)わて味をする。〔yp, 料理〕

마요네즈와 달걀노른자, 콘 크림을 섞어 맛을 낸다.

⇨ アスパラガスを5mmくらいに小さく切り、塩で味をする。マッシュルームを厚(あつ)めに横にスライスし、塩、レモン汁(じる)5ccで味をする。〔yp, 料理〕

아스파라가스를 5mm 정도로 작게 썰어 소금으로 맛을 낸다. 버섯을 두껍게 옆으로 썰어 소금, 레몬즙 5cc로 맛을 낸다.

cf) 味(あじ)がする : 맛이 나다

⇨ これはいい(変な、甘い、すっぱい)味がする。〔ニュ和英〕

This tastes good [strange, sweet, sour].

이것은 좋은 (이상한, 단, 신) 맛이 난다.

⇨ その食べ物は少しニンニクの味がした。〔ニュ和英〕

The food tasted slightly of garlic.

그 음식은 조금 마늘 맛이 났다.

머리말본문 번역

최근, 일본인의 생활양식은 현저하게 향상되어, 석유나 각종 가스 스토브가 각 가정에 보급되고, 또 중앙난방 장치 등의 난방법(煖房法)도 드물지 않게 되었다. 이러한 경향에 따라서, 목탄 등을 사용하는 일도 줄어들게 되었고, 더구나 연기나 그을음이 나오는 장작을 태워서 난방을 하는 경우는 매우 적어졌다. 따라서 나무를 태워 연기를 내어 그 연기를 이용해, 식품을 그을리는 등의 일은 매우 드물어졌다. 그래서 세상 일반 사람들에게 있어서는 훈제 식품을 만드는 등의 일은 일상생활로부터 거리가 먼 것이 되었다. 또한, 전반적으로 훈제식품을 먹는 것도 드물다.

그러나 잘 만들어 진 훈제식품을 먹으면 아주 맛이 있다. 또, 훈제 식품은 다른 식품에 비해서 보존성도 뛰어난다. 훈제식품은 일반적으로 값이 비싼 것이 많으며 일반적으로도 그렇게 생각하고 있지만, 그러한 사정은 소비자의 입장에서 보면 그다지 환영할만한 일은 아닌데 생산하는 입장이 되면 원료나 제조공정에 있어서 원가 계산상 여유가 생기게 된다.

훈제는 말할 필요도 없이 식품가공법의 한 방법인데 건조나 염장, 냉동 등의 여러 가지 가공법에 비해서 책만을 읽고서는 「훈제」라는 방법을 이해하기는 어렵다고 본다. 나는 현재 수산이용학의 강좌를 담당하고 있으며 학생들에 대해 매년 수산 이용학이라고 하는 과목 강의를 하고 있다. 그래서 강의를 하기 위해서는 어쨌든, 스스로 해보는 것이 필요하다고 생각하여 졸업실험을 하는 학생과 함께, 몇 종류의 생선이나 조개 훈제를 만들거나, 연기 성분을 모아 가스크로매트 그래피(유기화합물 혼합체 분석법)에 돌려보기도 했다. 물론, 상품으로서 팔 수 있는 훈제 식품을 만들기 위해서는, 여러 종류의 연습과 많은 경험을 쌓지 않으면 안 되지만 훈제다운 것을 만드는 것은 의외로 간단하며 서툴지만 꽤 맛있는 것이 된다. 원래 훈제라고 하는 것은 미개의 원시인도 했던 것으로, 더구나 제조의 개요는 각종 책에도 쓰여 있기 때문에, 오히려 식품화학이라던가 식품 제조학 등을 조금 알고 있는 우리들이 할 수 없다는 것은 이상할 정도이다. 「걱정하는 것보다 만들어보는 쪽이 낫다」라는 말이 그럴싸하다.

그러나 훈제다운 것을 만들 수 있다는 것과, 상품으로서 팔 수 있는 훈제식품을 제조하는 것은 전혀 별개의 문제로, 훈제식품을 시판하기 위해서는 아주 많은 지식을 필요로 한다. 적어도, 동일 제품을 실패하지 않고 만들 수 있도록 해야 한다. 훈제식품 원료의 전(前)처리를 같은 조건에서 해야 되며 원료의 신선도에 차이가 있다면, 같은 제품이 되도록 전(前)처리의 조건을 바꾸지 않으면 안 된다. 훈연을 발생시키는 훈재(材)에 대해서도, 같은 종류의 것을 같은 조건에서 태우고 동일한 방법으로 제품에 부착시켜야 된다.

이 점이 훈제가 쉬운듯하면서 어렵고 기술이 필요하지 않은 것 같지만 실제로는 필요하다고 생각된다. 또, 종래의 지식도 의외로 축적이 적으며, 예를 들면, 훈제로서 왜 히코리 나무가 많이 사용되는지 훈연 성분 가운데서 어느 성분이 맛에 관계가 있는지 등도 확실치 않다.

본서는, 훈제를 실제로 만드는 경우에 문제가 되는 점에 대해 종래의 견해를 정리한 것이다. 학생들과 함께 실험을 할 때, 조금은 이야기가 정리되도록 하고 싶은 것이 그 동기였다. 그래서 훈재(材), 훈연실, 훈연성분, 훈제의 의의 등에 대해 해설하고, 아울러, 훈제공정 중에 있어서 성분의 변화나 미생물의 성쇠 등에 대해서도 고찰했다. 또, 최근 훈연중의 다환 방향족 화합물에 관련해서, 훈제식품의 안전성에 부당한 걱정과 두려움이 드리워져 있는 것 같아서, 이 점에 관해서도 가능한 한 추가적으로 고찰을 했다.

여러 종류의 훈제식품의 제조법(제12장)에 대해서는 현재의 자동화된 스모크 하우스의 소개보다도 종래의 제조법에 중점을 두었다. 예를 들면, 축육 소시지의 제조에서, 최근에는 훈연 발생장치와 스모크 하우스를 조합으로 한 온도 습도 훈연농도가 자동 조정 가능한 것으로 바뀌었으며, 종래의 자연 통풍식의 훈연실 등은 이제 일본에서는 예외적인 것으로 되어있는데, 축육 소시지의 제조 원리와 기본적인 조건을 소개하기 위해서는, 종래의 방법이 적당하다고 생각했기 때문이다.

본서를 정리하는데, 많은 선생님으로부터 지도를 받았다. 우선 훈연의 여러 가지 성분에 대해, 정확하게는 목재의 열분해 생성물이라고 해야 하지만, 농림성 임업시험장의 쿠리야마 아키라 선생님으로부터 정말로 친절하고 정이 두터운 가르침을 오래 동안 받았으며 연구방법의 지도까지 받았다.

훈연장치는 최근 규모가 현저하게 커졌으며, 큰 공장에서는 자동화되어 그 중에는 연속화된 것이 적지 않다. 일본에서도 국산도 있지만, 미국과 서독으로부터 여러 종류의 모양이 수입되고 있다. 이것들의 특징 등에 대해서는 이트만 엔지니어링의 미노베 사부로 씨를 비롯해 많은 분들에게 설명을 받을 수 있었다.

각종 훈연 식품의 제조법에 관해서는 니이카타 대학 농학부의 노나미 요시노부 선생님 도립농예고등학교의 다나카 히사오 선생님, 협동유업 KK의 사토 쇼오지 주간을 비롯하여 많은 선생님들로부터 자료를 받았고 또 문헌 소개를 받았다.

훈제식품의 조리에 대해서는 후르가와 조리사 전문학교의 니시 아이코 교장에게 분담 집필의 수고를 끼쳤다. 본서 중의 훈제식품을 이용한 각 요리는 모두 시범적으로 만들어 시식을 마친 점은 대단히 자신을 가지는 바이다.

또, 원래 홋카이도 대학 수산학부의 다니가와 에이이치

교수, 아키바 미노로 교수의 강의용 프린트, 「훈연식품」, 사이토 요시조 씨 등의 「식육가공법」(고오세社 고오세가크 간행)으로부터 전재의 허가를 받았다.

이외, 많은 선생님들의 원조와 지도를 받은 것을 부기하였으며 여기에 깊이 감사의 말씀을 드린다.

훈제식품은 오래되고 새로운 식품이다. 훈제식품은 일반적으로 보존성도 좋지만, 그것보다도 어쨌든 먹어서 맛있다. 훈제라는 공정은 보존식품을 만든다는 목적보다도, 오히려 조미료를 사용하는 것과 같이 식품의 맛을 좋게 하거나 혹은 복잡하게 하는 공정이라고 생각할 수 있다. 훈제식품의 범위는 넓게 햄 소세지 등의 축육 가공품에서 여러 종류의 진미까지 많은 것이 있지만, 본서가 이러한 훈제식품의 생산량을 늘리고 그 범위를 넓히는데 도움이 된다면 정말 다행스럽겠다.

1978년 8월　오오다 시즈유키

제2장

経営者の人間探究

A型 B型 O型 AB型など、血液型によって個人の性格ばかりではなく、個人対人の相性を知ることができる。

《제2장》

출전

野田正彰(のだまさあき)、『経営者の人間探究』、1994年 5月 1刷、プレジデント社

(도서청구번호 : 650.1 야74ㄱ)

머리말 본문

まえがき

日本社会は比較的平等な社会であるが、自立した個人がネットワークを作っていく開かれた社会ではない。勤める会社、そのタイトル、出身学校などによって、人間がカテゴライズされ、[1]それをもとに結合していく社会である。さらには家の格(血縁)[2)]出身地(地縁)によってもカテゴライズされる。そのため、この社会では真に人と人とが出会うことは少なく、所属集団やタイトルによって先入見を作り、その固定的イメージを相互に確認しあっているにすぎない人間関係が多い。

某会社(あるいは某役所)の人事課長、何歳、出身大学と学部と聞くと、およその人のイメージを結ぶことができる。それに、出身地、どこに住んでいるか、子供は何人か、そんなことを知ることができれば、私たちは満足してしまう。つまり、履歴書的にしか人を見ていないのである。

社会的地位や所属団体によって人間を固定的に捉えている[3)]がために、[4)]血液型人物判断が流行したりする。A型の人の性格はこれこれ、AB型の人はこれこれ、といった先入見を頭に入れておいて、相手の血液型を尋ねる。その後は、「よく当たっている」といった先入見の確認と、「ここは少し違う」といった先入見の微調整を[5)]しているだけである。人々が求めているのは科学的知識ではなく、前もって[6]人を分類するための先入見である。そのため、ステレオタイプの人間像は三つか四つが良いということになってしまう。

成熟社会、安定期社会になって、このように日本人はますます一個の人格をもった人間に出会わなくなっている。その人がいかなる思想をもち、同時代をどのように体験しているのか、そのコミュニケーションの進展に人と人との出会いがあるとは、ほとんど考えない。少さいときから、人を所属集団や地位によって判断する訓練を続け、友人関係や恋愛もその延長にあるような人間関係が強くなっている。

大企業のトップ経営者については、地位だけでその人が分かるかのような、誤解がある。確かに、トップの人間性によってその企業の意思決定が左右されることはそんなに多くないかもしれない。だから、トップ経営者の人間理解も、その程度のもので良いということになるのかもしれない。だが、時代や会社の社風はそれにふさわしい人を選別しているものであり、また選ばれた人がもつ無意識の意思決定の傾向は、会社の方向や士気と連動している。[7)]

本書は、経営者を地位や業界での役割によって理解するのではなく、人間としてのスケッチを伝えようとしている。そのことによって日本経済がどのような人間に支えられてきたのか、別の視角があらわれるに違いない。

とりわけ[8)]一九七〇年代に入って、日本社会は政治の時代から経済の時代に大きく移行している。この経済の時代の意思決定を行なっているトップ経営者とは、どのような人たちであろうか。

敗戦直後、占領軍によって財閥解体が行なわれた。これは、農地の解放とともに日本の社会構造を変えるものであった。こうして大株主としての財閥家族が後に退き、[9)]急激な技術革新、企業規模の巨大化、企業経営の国際化が、その企業はえぬき[10)]の専門経営者を経営活動の主役につけた。とりわけ七〇年代に入って、彼らの意思決定が持つ社会的影響は大きくなっている。狭い意味での経営方針の決定だけでなく、経営者の持つ世界観やサブ・カルチャーが社会の変化と直接向き合うようになっている。[11)]

ところが、どのような意思決定の傾向がある経営者がトップに選ばれるのか、彼らの世界観や行動倫理、サブ・カルチャーはどのようなものか、研究は行なわれていない。もちろん、それを経営者自身が対象化し、自己分析していくことは非常に稀である。「私の履歴書」的な回想はポーズされた[12)]自我像であり、いままで気づかなかったことを自他が気づいていく分析にはなりえない。

経営学の本には、資本家と専門経営者の分離(いわゆる J·バーナムの『経営者革命』)についての論評とか、日本的経営についてのステレオタイプとなった記述はあるが、経営者そのものの実証的な研究はない。ましてや、[13)]いかなる社会状況から経営者が育ち、どのような文化を構成しているかという記述は見あたらない。[14)]

私は多くのトップ経営者の面接によって、経済の時代の一線に生きている人々の人生をスケッチさせていただこうと思った。それによって、経営者たちがどのように現代をイメージしているか、できるだけ理解してみたい。

こうして「戦後日本経済を創った経営者」の一五人の面接が始まった。それは『経営者人間学』(ダイヤモンド社、一九八八年)にまとめられたが、その後、第二回のトップ経営者のインタビュー連載が「週刊ダイヤモンド」誌上で続けられた。そのため、前著に続いて第二回連載もそのまま『続・経営者人間学』としてまとめようかとも考えた。だが、この間にバブル経済が[15]続き、バブルがはじけ、[16]膠着した[17]日本社会の歪みが[18]様々に露呈している。[19]そこで、九〇年代、産業構造転換に直面する今日的状況から、八〇年代の日本経済のトップにたった人々はどう生きていたのか、編集しなおすことにした。第二回の連載に登場いただいた新しい経営者七人を軸に、前回の一五人のうち一〇人の経営者を加えてまとめたものである。時間がたったので、経歴、肩書等[20]

変化が生じているが、原則として当時のままとした。

この編集にたずさわってくださったのは、[21)]プレジデント社の青田吉正さんである。第二回の「週刊ダイヤモンド」連載の編集を、前回に続いて同誌編集部の森健二さん、辻広雅文さんが担当してくださった。私たち四人の編集が、二十世紀末、最後の大きな転換に立つ日本経済の人間的探究に役立つことを望む。

1994年 3月　　野田 正彰

한자의 読み方

経営者(けいえいしゃ) : 경영자
平等(びょうどう) : 평등
結合(けつごう)する : 결합하다
血縁(けつえん) : 혈연
地縁(ちえん) : 지연
所属(しょぞく) : 소속
先入見(せんにゅうけん) : 선입견
某(ぼう) : (접두) 모~
結(むす)ぶ : 맺히다, 결부되다
固定的(こていてき) : 고정적
血液型(けつえきがた) : 혈액형
尋(たず)ねる : 묻다, 찾다
求(もと)める : 추구하다, 찾다
成熟(せいじゅく) : 성숙
一個(いっこ) : 한개
出会(であ)う : 만나다, 마주치다
体験(たいけん) : 체험
訓練(くんれん) : 훈련
延長(えんちょう) : 연장
誤解(ごかい) : 오해
意思(いし) : 의사
社風(しゃふう) : 회사의 사풍
無意識(むいしき) : 무의식
地位(ちい) : 지위
移行(いこう)する : 이행하다
占領軍(せんりょうぐん) : 점령군
農地(のうち) : 농지

比較的(ひかくてき) : 비교적
自立(じりつ)する : 자립하다
格(かく) : 격
出身地(しゅっしんち) : 출신지
真(まこと)に : 진실로, 참으로
集団(しゅうだん) : 집단
相互(そうご) : 상호
何歳(なんさい) : 몇 살
履歴書的(りれきしょてき) : 이력서적
捉(とら)える : 포착하다, 받아들이다
流行(りゅうこう)する : 유행하다
微調整(びちょうせい) : 미조정
人間像(にんげんぞう) : 인간상
安定期(あんていき) : 안정기
人格(じんかく) : 인격
思想(しそう) : 사상
進展(しんてん) : 진전
恋愛(れんあい) : 연애
大企業(だいきぎょう) : 대기업
確(たし)かに : 확실히, 틀림없이
左右(さゆう)する : 좌우하다
選別(せんべつ)する : 선별하다
士気(しき) : 사기
視角(しかく) : 시각
敗戦直後(はいせんちょくご) : 패전직후
財閥解体(ざいばつかいたい) : 재벌해체
解放(かいほう) : 해방

構造(こうぞう) : 구조
急激(きゅうげき)だ : 급격하다
主役(しゅやく) : 주역
行動倫理(こうどうりんり) : 행동윤리
自己分析(じこぶんせき) : 자기 분석
自我像(じがぞう) : 자아상
資本家(しほんか) : 자본가
革命(かくめい) : 혁명
記述(きじゅつ) : 기술
構成(こうせい)する : 구성하다
一線(いっせん) : 일선, 최전선(最前線)
週刊(しゅうかん) : 주간
前著(ぜんちょ) : 전 저서
歪(ひず)み : 왜곡, 삐뚤어짐
転換(てんかん) : 전환
状況(じょうきょう) : 상황
経歴(けいれき) : 경력
同誌(どうし) : 동지
望(のぞ)む : 희망하다, 바라다
大株主(おおかぶぬし) : 대주주
巨大化(きょだいか) : 거대화
方針(ほうしん) : 방침
対象化(たいしょうか) : 대상화
回想(かいそう) : 회상
自他(じた) : 자타
分離(ぶんり) : 분리
論評(ろんぴょう) : 논평
実証的(じっしょうてき)だ : 실증적이다
面接(めんせつ) : 면접
連載(れんさい) : 연재
誌上(しじょう) : 지상
膠着(こうちゃく)する : 교착하다
露呈(ろてい)する : 드러내다, 드러나다
今日的(こんにちてき) : 금일적
軸(じく) : 축
肩書(かたがき) : 직함, 지위, 신분 따위
探究(たんきゅう) : 탐구

주해

1. カテゴライズする : 분류하다, 범주에 넣다 (= 分類する, カテゴリーに入れる, categorize)

⇨ 本格推理(すいり)にカテゴライズされる小説。〔泉〕
본격 추리로 분류되는 소설.

⇨ 回答者(かいとうしゃ)の返事が追加(ついか)されればその内容に合わせてカテゴライズしなおします。〔yp〕
회답자의 대답이 추가되면 그 내용에 맞춰 다시 분류합니다.

2. 格(かく) : 격식, 지위, 계급, 신분, 규격, 품위, (文法) 글 가운데의 언어가 다른 언어에 대해서 가지고 있는 관계 (= 格, 地位, 階級, 文法の格, 文中においてもつ他の語との関係, a status, a rank, a case)

⇨ 彼の方が社会的には格が上だ。〔ニュ和英〕
He is higher in social status [rank] than I am.
그 사람이 사회적으로 지위가 위다.

⇨ わが社とNHKでは格が違う(= 比べられない, NHKより劣っている)。〔ニュ和英〕
Our company is not comparable with NHK.

우리 회사와 NHK는 격이 다르다.

⇨ 親分(おやぶん)格の人。the boss. 두목

⇨ 格にはずれた品物。규격에 어긋난 상품.

⇨ 格が下がる。격(품위)이 떨어지다.

⇨ 軽自動車と普通車では同じ自動車でも車の格が違う。〔yp〕

경자동차와 일반 차는 같은 자동차라도 격이 틀린다.

⇨ 主格。the nominative case. 주격.

⇨ 格変化。a declension. 격변화.

3. とらえる(捉える·捕える) : 잡다, 얻다, 포착하다, 이해하다, 파악하다, 사로잡다 (= 捕まえる, つかむ, 得る, 把握する, 心をつかむ, catch, capture, grasp, catch sight of, charm, steal one's heart)

⇨ 警察は誘拐犯人(ゆうかい-はんにん)を捕らえた。

The police arrested [caught／captured] the kidnapper.

경찰은 유괴 범인을 잡았다.

⇨ トラは鋭(するど)い爪(つめ)で獲物(えもの)を捉えるや、すばやく倒(たお)しかみついた。〔例文〕

호랑이는 날카로운 발톱으로 먹이를 잡자 재빠르게 넘어트려 물어뜯었다.

⇨ 機会を捕らえて彼に話してみよう。〔プ英〕

I will speak to him on the matter when I get

a chance.

기회를 얻어 그에게 이야기해보겠다.

⇨ レーダーが台風(たいふう)の目を捕らえた。〔プ英〕

The radar picked up the eye of the typhoon.

레이더가 태풍의 눈을 포착했다.

⇨ 彼女は私の言った意味を捕らえることができなかった。

She couldn't catch what I said [grasp my meaning].

그녀는 내가 말한 뜻을 이해하지 못했다.

⇨ 真相(しんそう)を捕える。

get at the truth of the matter.

진상을 파악하다.

⇨ 彼女の歌は若者(わかもの)の心をとらえて離(はな)さなかった。〔ニュ和英〕

Her songs kept charming the youth.

그녀의 노래는 젊은이의 마음을 사로잡아 떠날 줄 몰랐다.

⇨ 彼の話が私の心を捕らえた。〔プ英〕

I was deeply impressed by his speech.

그의 이야기가 내 마음을 사로잡았다.

4. ～がために : ～때문에, ～이유로 (= ゆえに, because, owing to)

⇨ これがために彼は大(おお)いに苦況(くきょう)に立たされ

た。〔林〕

이러한 이유로 그는 매우 어려운 상황에 처하게 되었다.

⇨ 1997年に、企業経営者(きぎょうけいえいしゃ)が「破壊的(はかいてき)な」技術(ぎじゅつ)を採用(さいよう)しないがために優良(ゆうりょう)企業が転落(てんらく)していくことを説明した。〔yp〕

1997년에 기업경영자가 파괴적인 기술을 채용하지 않기 때문에 우량기업이 전락해 가는 것을 설명했다.

⇨ 母を救(すく)いたいがために少年が頑張(がんば)るという普遍的(ふへんてき)なテーマがあり、全世界に通じる作品になると思う。〔yp, 読後感〕

엄마를 구하고 싶어 소년이 분발한다는 보편적인 주제가 있으며 전 세계적으로 읽히는 작품이 될 것으로 생각한다.

5. 微調整(びちょうせい) : 미세 조정 [= 大まかな調整(ちょうせい)を終えたあとに行う仕上(しあ)げのためのわずかな調整, fine tuning]

⇨ 左右(さゆう)の音量(おんりょう)を微調整する。

좌우의 음량을 조금씩 조정하다.

⇨ 経済の状況は格段(かくだん)に好転(こうてん)している。足元(あしもと)も上(あが)り坂(ざか)での微調整にあるが、大局的(たいきょくてき)な判断としては景気(けいき)は回復(かいふく)していくとみられる。〔yp, ビジネスニュース〕
경제상황은 눈에 띄게 호전되고 있다. 얼마 가지 않아 오르막에서의 미조정에 이를 것이며 전체적으로 보아 경기가 회복될 것으로 보인다.

6. 前(まえ)もって : 그전부터, 미리(부터), 앞서, 사전에 (= あらかじめ, かねがね, もっと早く, beforehand, in advance, ahead of time, earlier)

⇨ 8月分の仕事を前もってする。
do work ahead for August.
8월분의 일거리를 미리 하다.

⇨ 遅れるようでしたら前もって電話で連絡してください。
Call ahead if you're delayed.
늦을 것 같으면 미리 전화로 연락해주세요.

⇨ いらっしゃるのなら前もって知らせておいてくださればよかったのに。〔ニュ和英〕
I wish you would have given me a notice that you were going to come.
오신다고 하면 사전에 미리 알려주시면 좋았을 텐데요.

⇨ なぜ前もってそう言わなかったんですか。
Why didn't you say so before?
왜 그전에 그렇게 말하지 않았어요.

⇨ 前もって決めておいた時間にはだれも来なかった。
Nobody came at the appointed time.
사전에 정해진 시간에는 아무도 오지 않았다.

7. 連動(れんどう)する : 연동하다 (= ある部分を動かすとそれに応じて他の部分も動くこと, be connected with)

⇨ 門灯(もんとう)はポーチライトと連動している。〔泉〕
문등은 포치라이트와 연동되어 있다.

⇨ 税額(ぜいがく)は収入(しゅうにゅう)に連動する。
세액은 수입에 연동한다.

⇨ この機械のスイッチは安全装置(そうち)に連動していて、地震(じしん)などの時は自動的(じどうてき)に切(き)れるようになっている。〔例文〕
이 기계의 스위치는 안전장치로 연동되어 있어, 지진 등이 있을 때에는 자동적으로 차단되도록 되어 있다.

⇨ 連動機。a clutch. 연동기.

⇨ 連動装置(そうち)。a gear. 연동장치.

8. とりわけ : 그 중에서도 특히, 유난히 (= 特に, 格別に, 何にもまして, especially, particularly, in particular, above all, most of all)

⇨ 私はハイキングに行くのが好きだ。とりわけ秋がよい。

I like going hiking, especially [particularly] in the fall.

나는 하이킹 가는 것을 좋아한다. 특히 가을이 좋다.

⇨ 彼は強く、勇敢(ゆうかん)で、とりわけ正直(しょうじき)だ。〔ニュ和英〕

He is strong, brave and, above all, honest.

그는 강하면서 용감하며 특히 정직하다.

⇨ 三日間の祭りのうちでも今日はとりわけ盛大(せいだい)に賑(にぎ)わう日です。〔例文〕

3일간의 마츠리 중 오늘은 특히 크게 붐비는 날입니다.

⇨ 女性の国会議員の数が多い国にはスウェーデン、デンマーク、オストラリアなどがある。とりわけ北諸国(きたしょこく)が先進的(せんしんてき)だ。〔天声〕

여성 국회의원수가 많은 나라로는 스웨덴, 덴마크, 호주 등이 있다. 유난히 북쪽의 여러 나라가 선진적이다.

9. 退(しりぞ)く : 물러나다, 사직하다, 양보하다 (= 後ろへ下がる, 後退する, 辞職する, 譲歩する, draw back, retire from, resign, concede)

⇨ 彼女は蛇を見て退いた。〔ニュ和英〕

She drew [stepped] back when she saw a snake.

그녀는 뱀을 보고 뒤로 물러섰다.

⇨ 政界(せいかい)から退く。

retire from the political world.

정계에서 물러나다.

⇨ 大型(おおがた)トラックが向うからやってきたので道路のわきへ退いて通過するのを待った。〔例文〕

대형트럭이 건너편에서 왔기 때문에 도로가로 물러나 지나는 것을 기다렸다.

⇨ 大学の職(しょく)を退く決心をした。

I decided to resign from my university post.

대학 교수직을 사직할 결심을 했다.

⇨ 彼は一歩(いっぽ)も退かなかった。〔プ英〕

그는 한 발자국도 양보하지 않았다.

10. 生(は)え抜(ぬ)き : 본토박이, 순수 토박이, 초창기부터 근무한 사람 [= その土地に生まれその土地で育つこと, 生粋(きつすい), 団体・組織などにはじめから所属して現在に至っていること, native-born]

⇨ 生え抜きの外交官(= 最初から外交を職業としている外交官)。a career diplomat.

직업적인 외교관

⇨ 父は生え抜きの新聞記者でした。〔プ英〕

My father started his career as a newsman

and remained one (all his life).

아버지는 줄곧 신문기자로 일해 온 사람이었습니다.

⇨ おいらは浅草で生まれ育った<u>生え抜き</u>の江戸(えど)っ子だ。〔例文〕

우리들은 아사쿠사에서 태어나고 자란 순수 토박이 도쿄 사람이다.

⇨ あの人は創立以来の<u>生え抜き</u>の社員で会社のことなら隅(すみ)から隅まで知っています。〔例文〕

저 사람은 창립 이래 계속 근무해온 사원으로 회사일이라면 구석구석 모두 알고 있습니다.

11. 向(む)き合(あ)う : 마주 보다, 마주 향하다 [= 互(たが)いに向き合う, face each other, be opposite]

⇨ 二人は<u>向かい合っ</u>てテーブルについた。〔ニュ和英〕

The two sat at the table facing each other.

두 사람은 마주 보고 테이블에 앉았다.

⇨ 駅に<u>向かい合っ</u>てホテルがある。〔プ英〕

The hotel faces [is opposite] the station.

역을 마주 보고 호텔이 있다.

⇨ <u>向かい合っ</u>て2列になりなさい。〔プ英〕

Stand in two rows, face to face.

서로 마주 보고 두열로 만들어요.

⇨ お見合いの席で<u>向き合っ</u>た二人は、さっきから一言も口

をききません。〔例文〕

맞선자리에 마주 앉은 두 사람은 아까부터 한마디도 하지 않습니다.

⇨ 夜の闇(やみ)の中で広大(こうだい)な宇宙と向き合い展望鏡(てんぼうきょう)のかなたの無限(むげん)を見つめいた。〔例文〕

어두운 밤하늘에 광대한 우주를 향해 전망경의 저쪽의 무한함을 바라보았다.

12. ポーズ : 자세, 허세 [= 構(かま)えた姿勢(しせい), 気どった態度, 見せかけの態度, a pose]

⇨ 二歳の娘はカメラを向けるとにっこり笑ってかわいいポーズをとります。〔例文〕

두 살 난 딸은 카메라를 대면 생긋 웃으며 귀여운 포즈를 취합니다.

⇨ モデルは休憩後(きゅうけいご)元(もと)のポーズをとった。〔ニュ和英〕

The model resumed her pose after a break.

모델은 휴식 후 원래 자세를 취했다.

⇨ 気取(きど)ったポーズで私に話しかけた。〔プ英〕

Striking an affected pose, she spoke to me.

젠체하면서 나에게 말을 걸었다.

⇨ 彼の博愛主義(はくあいしゅぎ)は一つのポーズにすぎない。〔プ英〕

His philanthropism is a mere pose.

그의 박애주의는 하나의 허세에 지나지 않아.

⇨ ぼくは、女の子の前ではいつも気取ってポーズをつくる、と言われます。〔例文〕

나는 여자 앞에서 늘 거드름피우며 허세를 부린다고 합니다.

13. ましてや : 하물며, 더구나 (まして의 힘줌말)

⇨ 大人でも大変なのだからましてや子供には無理だ。〔yp〕

어른이라도 힘든 일이기 때문에 하물며 아이에게는 무리이다.

⇨ 夏は暑い。まして運動すればなおのことだ。

여름은 덥다. 게다가 운동하면 더욱 덥다.

⇨ 大人でもわからないのに、まして小さい子どもにわかるわけがない。

어른도 모르는데 더구나 작은 꼬마가 알 턱이 없다.

14. 見当(みあ)たる : 발견되다, 눈에 띄다 (= 探していたものが見つかる, 否定形으로 잘 사용, find, come across)

⇨ この辺(へん)では着物を着ている人はめったに見当たらない。〔プ英〕

We rarely come across anybody in kimono around here.

이 주변은 기모노를 입은 사람은 전혀 보이지 않는다.

⇨ この辺(あた)りに古本屋があると聞いたのですが、それらしいものは見当たりません。〔例文〕

이 주변에 헌책방이 있다고 들었습니다만, 그럴만한 것이 눈에 뛰지 않습니다.

⇨ 確かにこの辺りに落ちたと思ったのに、ボールが見当たらない。〔例文〕

확실히 이 주변에 떨어졌다고 생각했는데 공이 보이지 않는다.

15. バブル : 거품 (= あわ, あぶく, a bubble)

⇨ 日本のバブル経済の崩壊(ほうかい)。

the collapse of Japan′s ‘bubble’ economy.

일본의 버블 경제의 붕괴.

☞ 泡沫的(ほうまつてき)な投機(とうき)現象のこと。株や土地などの資産(しさん)価格が、経済の基礎条件から想定される適正(てきせい)価格を大幅(おおはば)に上回(うわまわ)る状況をさす。日本では1986年以降(いこう)の土地や株が高騰(こうとう)した時期の経済をバブル経済と呼ぶが、90年(平成2)以降、地価・株価は急落(きゅうらく)してバブルは崩壊した。〔林〕

포말적인 투기현상. 주식이나 토지 등의 자산 가격이, 경제의 기초조건으로부터 상정되는 적정가격을 대폭 상회하는 상황을 가리킨다. 일본에서는 1986년 이후의 토지나 주식이 상승했던 시기의 경제를 버블경제라고 부르는데, 90년 이후 지가·주가는 급락해 버블은 붕괴됐다.

16. 弾(はじ)ける : 사방으로 튀다, (팝콘이) 터지다 (= ぱっと開く, 音を立てて開く, 割れて開く, burst open, crack open, pop, split open)

⇨ あの人はとてもふとっていて、ようふくがはじけそうです。

저 사람은 너무 뚱뚱해 양복이 터질 것 같습니다.

⇨ ふとんのがわがやぶれて、わたがはじけ出している。

이불보가 찢어져서 솜이 튀어 나왔다.

⇨ エンドウ豆のさやが弾ける音が聞こえる時がある。〔ニュ和英〕

I can sometimes hear pea-pods burst open.

완두콩 깍지가 터지는 소리가 들릴 때가 있다.

⇨ いろりの火に入れておいた栗が弾けて、大きな音がした。〔例文〕

화로의 불에 넣어둔 밤이 터지면서 큰 소리가 났다.

⇨ ピエロが大(おお)げさに転(ころ)ぶと、場内に子供たちの笑い声(ごえ)がはじけた。〔例文〕

피에로가 큰 모습으로 구르자 장내에 아이들의 웃음소리가 터졌다.

17. 膠着(こうちゃく) : 교착 [= 交渉(こうしょう)などの行(ゆ)き詰(づ)まり, 停止, ある状態が固定してほとんど動きがなくなること, agglutination, a deadlock, a standstill]

⇨ 膠着状態にある。
교착상태에 있다.

⇨ 和平(わへい)交渉は膠着状態になった。〔ニュ和英〕
The peace negotiations reached deadlock.
평화 교섭은 교착상태에 이르렀다.

⇨ 計画が膠着してしまった。〔プ英〕
The project got bogged down.
계획이 교착돼버렸다.

⇨ 実力が伯仲(はくちゅう)しているためか試合はさっきから膠着したままだ。〔例文〕
실력이 백중해서인지 시합은 아까부터 교착상태 그대로다.

⇨ 膠着語 [言語学] : 교착어, 膠着剤(ざい) : 교착제

18. 歪(ひず)み : 비뚤어짐, 뒤틀림, 변형, 폐해, 나쁜 영향 [= ゆがみ, 悪い影響, 弊害(へいがい), しわよせ, a warp, a strain, distortion]

⇨ 地球内部(ちきゅうないぶ)にたまった熱(ねつ)エネルギーが地殻(ちかく)にひずみをおこすのが、地震(じしん)の原因(げんいん)らしい。〔例文〕

지구내부에 모인 열에너지가 지각에 변형을 일으키는 것이 지진의 원인 같다.

⇨ 難民(なんみん)や飢餓(きが)は現代文明の歪みである。〔天声〕

난민이나 기아는 현대문명의 폐해이다.

⇨ 無理な経済政策(せいさく)のひずみが多数(たすう)の失業者(しつぎょうしゃ)を生(う)み出(だ)した。〔プ英〕

The strains caused by unworkable economic policies produced large numbers of unemployed.

무리한 경제정책의 악영향이 많은 실업자를 만들어 내었다.

cf) 歪(ひず)む : 비뚤어지다, 일그러지다, 뒤틀리다 (= ゆがむ, be crooked, warp, be warped)

⇨ 強烈(きょうれつ)な太陽に当たってはめ板(いた)がひずんできた。〔プ英〕

The hot sun has warped the boards.

강렬한 태양을 받아 판자벽의 널빤지가 비뚤어졌다.

⇨ 顔の表情(ひょうじょう)が歪む。

얼굴 표정이 일그러지다.

⇨ ボリュームを上げると高音(たかね)が歪む。

볼륨을 높이자 고음이 뒤틀린다.

19. 露呈(ろてい)する : 노출되다, 폭로하다, 드러내다 [= 露出(ろしゅつ)する, 暴露(ばくろ)する, 隠していたものをあからさまにあらわすこと, あからさまになること, expose, betray]

⇨ 彼の指導力(しどうりょく)の限界(げんかい)がついに露呈した。〔ニュ和英〕

The limits of his leadership were exposed at last.

그의 지도력 한계가 드디어 노출되었다.

⇨ 彼の手によって一味(いちみ)の計画は露呈した。〔プ英〕

He exposed their plot.

그의 손에 의하여 일당들의 계획은 폭로되었다.

⇨ 彼の本音(ほんね)が露呈した。

He betrayed himself.

그의 본심이 드러났다.

⇨ 事件が表面化(ひょうめんか)、それまで隠(かく)されていた組織(そしき)内部の対立が露呈した。〔例文〕

사건이 표면화되어 그때까지 숨겨져 있었던 조직 내부의 대립이 드러났다.

20. 肩書(かたが)き : 직함, 사회적인 지위 [= 称号(しょうごう), 学位, 地位, a title, a degree, a

position]

⇨ 総理大臣(そうりだいじん)の肩書。

the title of Prime Minister.

총리 대신의 직함.

⇨ この社会では肩書など何にもならない。〔プ英〕

Titles don't count (for anything) in this society.

이러한 사회에서는 직함 따위는 아무 것도 아니다.

⇨ 彼は肩書だけは立派だ。〔プ英〕

He looks good on paper, but there's really not much to him.

그는 직함만은 훌륭하다.

⇨ 本業は農業ですが、私は村会議員(そんかいぎいん)の肩書をもっています。〔例文〕

본업은 농업이지만 저는 마을의회 의원의 직함을 가지고 있습니다.

⇨ 実力(じつりょく)より肩書がものを言う世(よ)の中です。

실력보다 사회적 지위가 힘을 발휘하는 세상입니다.

21. 携(たずさ)わる : 관계하다, 종사하다 [= 関係する, 従事(じゅうじ)する, participate in, engage, be concerned with]

⇨ 彼は政治(せいじ)に携わっている。

그는 정치에 관계하고 있다.

⇨ 辞典の編集(へんしゅう)に携わっている。

사전 편집 일에 관계하고 있다.

⇨ この事件は、国政(こくせい)に携わる公務員の廉潔性(れんけつせい)に対する国民の信頼(しんらい)を著(いちじる)しく傷付(きずつ)いた。〔天声〕

이 사건은, 국정에 종사하는 공무원의 청렴성에 대한 국민의 신뢰를 눈에 띄게 상처 입혔다.

⇨ この地方(ちほう)では都会(とかい)からリターンして農業に携わる若者が増えてきました。〔例文〕

이 지방은 도시에서 돌아와 농업에 종사하는 젊은이들이 증가해왔습니다.

머리말본문 번역

일본 사회는, 비교적 평등한 사회이지만 자립한 개인이 네트워크를 만들어 가는 열린사회는 아니다. 근무하고 있는 회사, 그 타이틀, 출신학교 등에 따라서, 인간이 범주화되고 그것을 근거로 결합해 가는 사회이다. 게다가 집안의 자리(혈연) 출신지(지연)에 따라서도 범주화된다. 그 때문에, 이 사회에서는 진실로 사람과 사람이 만나는 경우는 적으며, 소속 집단이나 타이틀에 따라 선입견을 만들고, 그 고정적 이미지를 상호 확인하고 있는 것에 지나지 않는 인간관계가 많다.

모 회사(혹은 모 관청)의 인사과장, 나이, 출신대학과 학부를 들으면, 대략적인 사람의 이미지를 결부시킬 수 있다. 게다가 출신지, 거주지, 자녀수, 그러한 것을 알 수 있으면 우리들은 만족해 버린다. 요컨대 이력서적으로만 사람을 보고 있는 것이다.

사회적 지위나 소속 단체에 따라서 인간을 고정적으로 받아들이고 있기 때문에, 혈액형 인물 판단이 유행하기도 한다. A형인 사람의 성격은 이러 이러하고, AB형인 사람은 이렇다는 선입견을 머릿속에 넣어 두고 상대의 혈액형을 묻는다. 나중에는 「잘 맞는다」라는 선입견의 확인과 「이건 좀 다르다」라는 선입견의 미조정을 하고 있을 뿐이다. 사람들이 추구하고 있는 것은 과학적 지식이 아니고, 미리 사람을 분류하기 위한 선입견이다. 그 때문에, 스테레오 타입의 인간상은 서너 개 정도가 적당하게 돼 버린다.

성숙사회, 안정기 사회가 되어 이처럼 일본인은 점점 하나의 인격을 가진 인간과 만나는 일이 사라지고 있다. 그 인간이 어떤 사상을 가지고 있으며 같은 시대를 어떻게 체험하고 있는지, 그 커뮤니케이션의 진전에 인간과 인간의 만남이 있다고는 거의 생각하지 않는다. 어릴 때부터 사람을 소속 집단이나 지위에 의하여 판단하는 훈련을 계속하여, 친구 관계나 연애도 그 연장선상에 있는 것 같은 인간관계가 강해지고 있다.

대기업의 최고 경영자에 대해서는, 지위만으로 그 사람을 알 수 있을 것 같은 오해가 있다. 확실히 최고 경영자의 인간성에 따라 그 기업의 의사 결정이 좌우되는 경우는 그렇게 많지 않을지도 모른다. 때문에 최고 경영자의 인간 이해도 그 정도로 적당하다고 하는지도 모른다. 하지만 시대나 회사의 사풍은 거기에 어울리는 사람을 선별하고 있으며, 또 선택된 사람이 지닌 무의식의 의사 결정 경향은, 회사의 방향이나 사기와 함께 움직이고 있다.

본서는, 경영자를 지위나 업계에서의 역할에 따라 이해하는 것이 아니라, 인간으로서의 스케치를 전하고자 한다. 그것에 의하여 일본경제를 어떤 사람이 운영했는지 다른 관점을 볼 수 있음에 틀림없다.

특히 1970년대에 들어서, 일본 사회는 정치의 시대에서 경제의 시대로 크게 이행하고 있다. 이러한 경제 시대의 의사 결정을 하고 있는 최고 경영자는 어떤 사람들일까?

패전 직후 점령군에 의해 재벌해체가 행하여졌다. 이것은 농지의 해방과 함께 일본사회의 구조를 변화시키는 것이었다. 이렇게 해서 대주주로서의 재벌가족이 뒤로 물러섰으며 급격한 기술혁신, 기업규모의 거대화, 기업경영의 국제화가 그 기업의 본토박이 전문경영자를 경제활동의 주역으로 앉혔다. 특히 70년대에 들어와서 그들의 의사결정이 가지는 사회적 영향은 커지고 있다. 좁은 의미의 경영방침의 결정뿐만 아니라 경영자가 가진 세계관이나 보조문화가 사회변화와 직접 서로 향하도록 되어 있다.

그런데, 어떤 의사결정의 경향이 있는 경영자가 최고의 자리에 선택될지, 그들의 세계관이나 행동윤리, 보조문화는 어떤 것인지에 관한 연구는 행해지고 있지 않다. 물론 그것을 경영자 자신이 대상화되어 자기분석을 해 가는 일은 매우 드물다. 「나의 이력서」적인 회상은 그저 허세를 취한 자아상이고, 지금까지 몰랐던 사실을 알아낼 수는 없을 것이다.

경영학 책에는 자본가와 전문경영자의 분리(소위 제이·버넘의 『경영자혁명』)에 대한 논평이나, 일본적 경영에 관한 스테레오 타입으로 된 기술(記述)은 있지만, 경영자 그 자체의 실증적인 연구는 없다. 더구나 어떠한 사회상황에서 경영자가 육성되고 어떤 문화를 구성하고 있는가 하는 기술은 눈에 띄지 않는다.

나는 많은 최고경영자의 면접에 의해, 경제시대의 일선에 살고 있는 사람들의 인생을 스케치하려고 생각했다. 그것에 따라서 경영자들이 어떻게 현대를 이미지하고 있는지 가능한 한 이해해 보고 싶다.

이렇게 하여 「전후 일본경제를 창설한 경영자」15인의 면접이 시작되었다. 그것은 『경영자 인간학』(다이야몬드사,1988년)에 정리되었지만, 그 후 제2회 최고경영자의 인터뷰 연재가 「주간 다이야몬드」지상에 계속되었다. 그 때문에 지난 번 저서에 이어 제 2회 연재도 그대로 『속·경영자 인간학』으로 정리하려고도 생각했다. 하지만 그 동안 바블 경제가 계속되고, 버블이 터져 교착되어 있는 일본사회의 나쁜 여파가 다양하게 드러나고 있다. 그래서 90년대 산업구조 전환에 직면하는 오늘날의 상황에서부터 80년대의 일본경제의 최고에 다다랐던 사람들은 어떻게 살고 있었는지 편집을 다시 하기로 했다. 제 2회 연재에 등장한 새로운 경영자 7인을 축으로 전회(前回) 15인 중 10인의 경영자를 추가하여 정리한 것이다. 시간이 지났기 때문에 경력, 직위 등 변화가 생겼지만 원칙적으로 당시 그대로 했다.

이 저서의 편집에 관계해 주셨던 분은 프레지덴트社의 아오다 요시마사 씨이다. 제 2회의 「주간 다이아몬드」연재의 편집을 전회에 이어 동지 편집부의 모리 켄지 씨, 츠지히로 마사켄지 씨가 담당해 주셨다. 우리들 4인의 편집이 20세기 말, 최후의 큰 전환기에 서 있는 일본경제의 인간적 탐구에 도움이 되기를 희망한다.

1993년 3월　노다 마사아키

제3장

住宅計画

東京都八王子市にある住宅公園。八王子バイパス沿い、赤いとんがり屋根が目印のこの公園は、26棟のモデルホームが勢ぞろい、様々な暮らしのニーズに対応した住まいを提案している。

ルクセンブルグのある素晴らしい住宅。童話の中みたい。

《제3장》

출전

西山夘三(にしやまうぞう)、『住宅計画』、1975年9月 5刷 (1967年 8月 1刷)、(株)勁草書房

(도서청구번호 : 728서 52 V.1)

머리말 본문

まえがき

この本は、私がいままでに研究報告書や雑誌(一部は単行本)などに発表してきた論考を、主題によって4部にとりまとめた[1]著作選集の一つである。

研究室に次々と入ってくる若い研究者に同じようなことをくりかえしてしゃべるのは、教育者として当然のつとめなのであろうが、[2]そういう仕事は私にはにが手である。[3]くり言[4]は老化のきざしだ[5]といわぬばかりに[6]先輩や老人をながめていた昔を思い出してみて、いっそう乗り気がしない。[7]しかしそれが裏がえし[8]になるとルーズさ[9]になるのか、案外なことを[10]知っていてくれていない後進にでくわして、[11]これは自分の怠慢ではなかったかと気づくことが近ごろは多い。

私の研究室は、住宅や都市·地域計画を専攻としているが、むろん「教科書」などはない。「必読文献集」といったものをつくる必要がありはしないかと、[12]大分[13]まえから話しあっていたが、必読というほどでなくとも、読んでもらいたいものの中に、私が昔かいたものもいくつかはある。太平洋戦争の末期の敗色こゆくなった[14]1944年に、それまで雑誌などにかいた論文の一部をあつめて出版した『国民住居論攷』という本もその一つであった。

これを覆刻しては[15]どうかという話がでてきた。しかしそういうことをするのなら、内輪[16]の研究室のためだけでなく、一般の研究者やこの方面に関心をもつ多くの同学者のために、また単に戦前のものに限らず、戦後方々に[17]かきちらした[18]ものの中から、今では簡単に手に入れにくくなったものもとりまとめて、ごく気軽な[19]意味の「著作集」を出した方がより有意義ではないかという話になってきた。

たまたま、私の研究室のすぐれた働き手であった[20]絹谷祐規博士が外遊中交通事故によって急逝し、[21]その著作集を出すことになったとき、その仕事を引き受けて[22]いただいた勁草書房が引きつづきこの仕事も引き受けてくれるということになり、1965年の秋ごろからその取りまとめにかかった。しかしいざ仕事をはじめてみると、何を収録したらよいのか、その選択はかなりむつかしかった。他方、古い研究にかかずらうよりも、[2

[3]新しい研究をすすめることの方がより大切だという気もして、つい[24]日常の仕事に追いまわされ、[25]まとめの方は一向はかどらず、[26]幾度か沙汰やみになった。[27]すっかり遅れて、今日、陽の目をみるはこびとなったのは、[28]勁草書房の磯崎好子氏のたえまない[29]はげまし[30]のおかげだったと思っている。

ここにとりまとめたものは、研究の発展のすじみちと、[31]その成果をみる上で私なりに最も意味があると考えたものを中心とした。はじめは、さきに述べた『国民住居論攷』をもあわせて再刊し、これに戦後のものを、住宅·都市計画·建築論といった形でグルーピングして[32]まとめてみようと考えていたが住宅については全部を組みかえして、[33]時期的に戦前編と戦後編の二つとすることにした。本編はその「戦前編」であって、私が最も重要なテーマとしてとりくんできた国民住居に関する戦前の調査·研究と、その建設·計画に対する提案をとりまとめている。

私は、建築家がかつて「設計」という形で関与してきた少数の、主として上流·富裕階層の住宅に対して、国民の大多数をしめる庶民の住宅の設計·計画が大切な仕事としてとりあげられねばならぬ**こと**、それをすすめるには、在来のように建築家が注文をうけて建築を設計するというようなプロセスとは全く別の建設と計画の体制が必要である**こと**、それは当然住宅の供給体制、あるいはより根本的な住宅問題に対処していく住宅政策の大きな前進が基本的な前提となるのであるが、その中で、技術的にはいままでの建築設計がたよっていた建築家の経験主義的·直観的·あるいは芸術的デザインの方法とはことなった、住宅についての科学的な調査研究にもとづくプランニングの方法が確定されねばならない**こと**— などを主張してきた。

そのようなタイプの仕事は、第二次世界戦争のさなかに、[34]政府の資金によって住宅を建設·経営する住宅営団が設立され、当時「国民住宅」とよばれていた規格化された住宅の供給が問題となってきた過程を通じて、はじめて現実にあらわれてきた。この中で確立された計画理論は、戦後大きな発展をみた公営や公団など公的住宅供給機関による庶民住宅の大量建設の進展の中であらたな展開をみることになっている。

このような系列の住宅建設の発展の中で、そこに生み出されてきた住宅計画の方法論、それぞれの段階で提出されてきた規格や提案、さらに将来の国民の住居がどのような方向にむかって発展するだろうかといった展望をあつめたのが戦前、戦後2冊になっている住居編の内容であるが、本書「住宅計画」編はその収録する論文の時期を一応戦前・戦中のもののみに限った。ただし、全体の研究の展開を理解しやすくするため、序篇として入れた論文は戦後にかかれたものであるし、また第Ⅳ部に収録した「復興住宅に対する提案」は戦前の研究を基礎としてなされた提案で、敗戦直後とはいうものの、[35] 時期的には戦後に属するものであることをことわっておく。

なお、この時期に公刊された著作として、住宅問題を論じた『住宅問題』という単行本があるが、本書はこれについては全くふれてない。また、1944年には、学位論文として「庶民住宅の研究」がまとめられているが、これはぼう大な量に[36]のぼるもので、とても公刊することはできない。本書とは一応別の労作であるが、しかしそこに論じられている問題点は、できるだけ本書に収録されるように構成を工夫した。

本編は6部にわかれている。最初の「序」の部は、さきにのべたように1958年にかかれたもので論旨は戦後にも及んでいるが、私がそれまでの住宅研究にどのように取りくんできたかを概観しているので、本編の序章とする意味でまず最初に収録した。

Ⅰは、「住宅」という建築の中で最も基本的な建築型に対し、特にそのうち大部分をしめる庶民の住宅に対し、過去においてかかわりをもつことがすくなかった建築家が、どのようなつながりを設定すべきかを論じたもので、現在とはかなりちがった戦前の状況を前提として、主として建築家に向ってかかれているもので、現在の情勢にはややそぐわぬ[37)]感じもするが、住宅研究と住宅政策に関連して、建築家の職能やその社会的責任が現在でも問われつづけている[38)]という点も考えて、あえて収録した。

Ⅱは、住宅研究の出発点となる住宅調査に関して、著者のおこなったしごとの典型的なものの一部を収録した。

Ⅲは、著者が確立しようと労力した住宅計画の方法論と、これによってすすめられたⅡの住宅に関する諸調査を基礎とする、住宅に関する若干の具体的な分析と提案を収録する。

Ⅳは、そうした研究をもとにして、終戦直後にまとめた住宅復興の建設計画に対する提案で、戦前の住宅研究の一つの総決算のようなものであった。しかしいくばくもなく、[39]敗戦後のわが国のおかれた条件の中で、このような提案の非現実性があきらかにされてくるのであるが、それ以後のことについては、戦後編「住居論」にまかされる。

最後のⅤは、住宅計画の発展を示す資料として、敗戦にいたるまでの、住宅の型計画に関連のある公的に提案された規格・基準等の主なものを収録した。

本書に収録した諸論文は、かならずしも発表当時と同じ題目になっていない。それらが発表された年月日や所載誌、発表当時の原題などと共に、それがかかれた当時の事情や背景と、その大まかな内容などを[40]とりまとめて、読者の理解をたすけるため各章の題名トビラの裏側に解説しておいた。これは旧著『国民住居論攷』と同じやり方である。なお、旧かなづかいや、旧漢字、文意の通じにくいところは多少かきあらためて[41]いることを御了承[42]ねがいたい。

約30年前にかかれたものもあり、時代おくれのむしかえし[43]と思われるものがあるかもしれないが、この分野の研究史を示す意味を考えて、あえて収録したものもある。読者の何らかの参考となれば幸いである。

1967年 6月　　西山 夘三

한자의 読み方

住宅(じゅうたく) : 주택
主題(しゅだい) : 주제
撰集(せんしゅう) : 선집
老人(ろうじん) : 노인
案外(あんがい) : 예상외
怠慢(たいまん) : 태만
必読(ひつどく) : 필독
末期(まっき) : 말기
住居(じゅうきょ) : 주거
内輪(うちわ) : 가정 내, 집안
限(かぎ)る : 한하다, 제한하다

論考(ろんこう) : 논고, 논하여 고찰함
著作(ちょさく) : 저술
老化(ろうか) : 노화
裏(うら)がえし : 뒤집음
後進(こうしん) : 후배
地域(ちいき) : 지역
大分(だいぶ, だいぶん) : 제법, 상당히
敗色(はいしょく) : 패색
論攷(ろんこう) : 논고
同学者(どうがくしゃ) : 동료학자
外遊中(がいゆうちゅう) : 외유 중

有意義(ゆういぎ) : 유의의, 의미·가치가 있음

急逝(きゅうせい)する : 갑자기 죽다
選択(せんたく) : 선택
幾度(いくど, いくたび) : 몇 번, 여러 번
成果(せいか) : 성과
建築論(けんちくろん) : 건축론
調査(ちょうさ) : 조사
関与(かんよ)する : 관여하다
主(しゅ)として : 주로
富裕階層(ふゆうかいそう) : 부유계층
設計(せっけい) : 설계
体制(たいせい) : 체제
根本的(こんぽんてき) : 근본적
前進(ぜんしん) : 전진
経験(けいけん): 경험
確定(かくてい)する : 확정하다

収録(しゅうろく)する : 수록하다
他方(たほう) : 한편
沙汰(さた) : 소식, 소문
再刊(さいかん)する : 다시 간행하다
本編(ほんぺん) : 본편
提案(ていあん) : 제안
少数(しょうすう) :소수
上流(じょうりゅう) : 상류
庶民(しょみん) : 서민
在来(ざいらい) : 재래, 지금까지
供給(きょうきゅう) : 공급
対処(たいしょ)する : 대처하다
前提(ぜんてい) : 전제
直観(ちょっかん) : 직관
主張(しゅちょう)する : 주장하다

資金(しきん) : 자금
設立(せつりつ)する : 설립하다
過程(かてい) : 과정
公団(こうだん) : 공단
進展(しんてん) : 진전
提出(ていしゅつ)する : 제출하다
一応(いちおう) : 일단, 우선
復興(ふっこう) : 부흥
属(ぞく)する : 속하다, 포함되다
公刊(こうかん) : 공간, 출판물을 널리 일반에게 발행함
労作(ろうさく) : 노작
論旨(ろんし) : 논지, 취지
序章(じょしょう) : 서장, 첫 장
設定(せってい)する : 설정하다
職能(しょくのう) : 직능
若干(じゃっかん) : 약간
敗戦(はいせん) : 패전
住居論(じゅうきょろん) : 주거론
題目(だいもく) : 제목
所載誌(しょさいし) : 기사가 실려 있음
題名(だいめい) : 제명
旧著(きゅうちょ) : 구저, 옛날 저서
御了承(ごりょうしょう) : 승낙, 양해(존경어)
幸(さいわ)い : 다행, 행복

営団(えいだん) : 영단
規格化(きかくか) : 규격화
公営(こうえい) : 공영
大量(たいりょう) : 대량
系列(けいれつ) : 계열
収録(しゅうろく)する : 수록하다
序篇(じょへん) : 서편
敗戦直後(はいせんちょくご) : 패전 직후
単行本(たんこうぼん) : 단행본
工夫(くふう) : 궁리함, 고안
概観(がいかん)する : 개관하다
建築家(けんちくか) : 건축가
情勢(じょうせい) : 정세
出発点(しゅっぱつてん) : 출발점
総決算(そうけっさん) : 총결산
非現実性(ひげんじつせい) : 비현실성
資料(しりょう) : 자료
年月日(ねんがっぴ) : 년 월일
原題(げんだい) : 원제
裏側(うらがわ) : 뒤쪽, 안쪽, 이면
文意(ぶんい) : 문의, 글에 담긴 뜻

주해

1. 取(と)りまとめる : 일괄하여 모으다, 짐을 꾸리다, 해결 짓다 [= 一つに集める, 荷作(にづく)りする, 解決する, collect, gather, put, pack, settle]

⇨ 総理大臣(そうりだいじん)は全大臣(ぜんだいじん)の辞表(じひょう)を取りまとめた。〔プ英〕

The prime minister collected the resignations of the whole Cabinet.

총리는 모든 장관의 사표를 일괄하여 모았다.

⇨ 先生はいろいろな意見を取りまとめた。

Teacher put various opinions together.

선생님은 여러 의견을 모았다.

⇨ 彼は荷物を取りまとめて出ていった。

He packed his things and left.

그는 짐을 꾸리고 떠났다.

⇨ 彼が両家(りょうけ)の争(あらそ)いを円満(えんまん)に取りまとめた。〔プ英〕

He settled the trouble between the two families.

그가 양가의 싸움을 원만히 해결 지었다.

cf) 取(と)り+V : (접두) 어조를 고르게 하며 격식 있는 느낌을 나타냄 [= 語調(ごちょう)を整(ととの)え、改(あらた)まった感じにするのに用いる]

⇨ 取り片(かた)づける 치워버리다.
取りかこむ 둘러싸다. 取り落(お)とす 떨어뜨리다.

⇨ そのうえ、男性には女性にほとんど見られない遺伝病(いでんびょう)が数多くある。男性は関節炎(かんせつえん)、胆石(たんせき)、片頭痛(へんずつう)にもとりつかれやすい。〔토픽, 下〕
게다가 남성에게는 여성에게서 거의 볼 수 없는 유전병이 수많이 있다. 남성은 관절염, 담석, 편두통으로도 쉬 지치기 쉽다.

⇨ この宇宙船(うちゅうせん)は、火星(かせい)をとりまく多くの神秘(しんぴ)をあきらかにしたとは言うものの、まだまだ謎(なぞ)は残されている。〔토픽, 下〕
이 우주선은, 화성을 둘러싼 많은 신비를 명확히 했다고 하지만 아직도 수수께끼는 남아 있다.

⇨ 先生は身近(みぢか)な話題(わだい)をとりあげ、そこから教訓的(きょうくんてき)なことへと話を展開(てんかい)させていきました。〔例文〕
선생님은 자기와 관련 있는 이야기를 끄집어내어 교훈적으로 전개시켜 나갔습니다.

⇨ もっとしっかり足場(あしば)を固(かた)めてから、この

事業(じぎょう)にとりかかるべきだった。〔例文〕

더욱 단단히 발판을 다져놓은 다음 이 사업에 착수했어야 했었다.

2. ～として当然(とうぜん)の勤(つと)めなのであろうが : ～로서 당연한 일이겠지만

⇨ 若い研究者に同じようなことをくりかえしてしゃべるのは、教育者として当然のつとめなのであろうが。〔머리V, 본문〕

젊은 연구자에게 같은 이야기를 반복해서 하는 것은 교육자로서 당연한 일이겠지만.

cf) 勤(つと)める : 근무하다, (일, 역할 등을) 맡다 [=勤務する, 雇(やと)われている, 仕(つか)える, work (in, at, for), be employed in, serve in]

⇨ その会社で秘書(ひしょ)として勤める。〔ニュ和英〕

work [have a job] as a secretary in the company.

그 회사에서 비서로 근무한다.

⇨ 彼は石油(せきゆ)会社に勤めています。

He works in [at, for] an oil company.

그는 석유회사에 다니고 있습니다.

⇨ 社長が議長の彼を勤めた。

사장이 의장 직무를 맡아서 했다.

⇨ 学校の芝居(しばい)で父親の彼を勤めることになった。〔用例〕

학교 연극에서 아버지 역을 맡게 되었다.

3. 苦手(にがて) : (N) 골칫거리, 질색, 다루기 힘들고 싫은 상대, (-だ, Av) 잘하지 못하다, 서툴다 [= いやな相手, 不得手(ふえて)だ, へただ, 困難だ, a weak point, weak in, poor at, tough]

⇨ 私の苦手は物理(ぶつり)だ。

I am very weak [poor] in physics.

내가 싫어하는 과목은 물리이다.

⇨ あいつは苦手だ。

He is hard for me to deal with.

그 놈 아주 골칫거리야.

⇨ 悪いけどココアは苦手なんです(= 嫌いです)。

I'm sorry, but I hate cocoa.

미안하지만 코코아는 싫어해요.

⇨ 彼女は金のやりくりは苦手だった[= 器用(きよう)ではなかった]。〔ニュ和英〕

She was not clever at managing money.

그녀는 돈을 잘 꾸려나가지 못했다.

⇨ 人とうまく接(せっ)するのが苦手だ。〔プ英〕

My weak point is dealing with people.

사람들과 접하는 것을 잘하지 못한다.

⇨ 医者はどうも<u>苦手</u>だ。

의사는 어쩐지 서툴다.

⇨ 彼は話すことは上手だが書くことは<u>苦手</u>らしい。

그는 말하기는 잘하는데 쓰기는 서툰 것 같다.

4. 繰(く)り言(ごと) : 계속해서 되풀이 하는 말, 불평, 푸념, 넋두리 [= 同じこと特に愚痴(ぐち)などを何度も繰り返して言うこと, 不平(ふへい), grumbling]

⇨ 老(お)いの<u>くり言</u>はきりがない。〔プ英〕

노인이 되풀이하는 말은 끝없다.

⇨ 帰らぬ<u>繰り言</u>をくり返す。〔プ英〕

harp on past regrets.

지나간 푸념들을 반복해서 이야기하다.

⇨ <u>くり言</u>を数(かぞ)えれば、公園に舞(ま)い散(ち)る落(お)ち葉(ば)の数(かず)でも不足(ふそく)だ。〔例文〕

되풀이 하는 넋두리를 세어보면, 공원에 흩날리면서 지는 낙엽의 수로도 부족하다.

5. 兆(きざ)し : 조짐, 징후, 징조 [= 兆候(ちょうこう), 悪い前兆(ぜんちょう), a sign, a symptom, an omen]

⇨ 春の<u>きざし</u>。a sign of spring.

봄이 오는 조짐.

⇨ 来たるべき変革(へんかく)のきざし。〔ニュ和英〕

a symptom of the coming change.

다가올 변혁의 조짐.

⇨ 村には復興(ふっこう)の兆しが見えてきた。〔プ英〕

Signs of recovery began to appear in the village.

마을에는 부흥의 조짐이 보이기 시작했다.

⇨ 病気の回復(かいふく)する兆しが見える。

병이 회복될 징후가 보인다.

cf) 兆(きざ)す : 움트다, 싹트다, 징조가 보이다, 마음이 일기 시작하다 [= 物事が起ころうとしている気配(けはい)がある。心の中にある感情(かんじょう)や考えなどが生まれる]

⇨ 野のいたる所に春がきざしている。〔プ英〕

Everywhere the fields are showing signs of spring.

들판 여기저기에 봄이 움트고 있다.

⇨ 日射(ひざ)しに秋の色が兆す。〔泉〕

햇살에 가을 정취가 보인다.

⇨ 淡(あわ)い恋心(こいごころ)が兆す。

짙은 사랑의 마음이 일기 시작한다.

6. ～ぬ(ん)ばかりに : 금방 ～할 것 같이, ～할 듯이 (= ほとんど～しそうなほど, almost)

⇨ 泣(な)かんばかりにたのみこむ。

울듯이 부탁하다.

⇨ 気絶(きぜつ)せんばかりにおどろいた。

기절할 정도로 놀랐다.

⇨ 冬山登山(ふゆやまとざん)はやめるようにと母は泣(な)かんばかりだった。〔スーパー〕

겨울 등산은 그만 두라고 엄마는 울듯이 말했다.

⇨ 彼は黙(だま)ってろと言わんばかりの顔で私をにらみつけた。〔スーパー〕

그는 가만히 있어 라고 할 듯한 얼굴로 나를 매섭게 노려봤다.

7. 乗(の)り気(き) : (마음이) 내킴, 열의, 흥미 (= 気のり, 熱意, 興味, enthusiasm for, an interest in)

⇨ 彼はその新しい計画にあまり乗り気でなかった。〔ニュ和英〕

He showed little enthusiasm for the new plan.

그는 그 새로운 계획에 그다지 마음이 내키지 않았다.

⇨ だれも乗り気じゃないならこの計画はやめよう。〔プ英〕

If no one is particularly interested, we'll give

up the plan.

아무도 내키지 않는다면 이 계획은 그만두자.

⇨ 彼女は娘とその金持ちとの結婚に乗り気になっていた。

She was eager to marry her daughter to the rich man.

그녀는 딸과 그 부자와의 혼담에 마음이 내켰다.

⇨ 野球のチームを作ろう」と言ったり、みんなも乗り気になった。〔用例〕

「야구팀을 만들자!」고 하면서 모두들 흥미를 갖게 되었다.

8. 裏返(うらがえ)す : 뒤집다, 뒤집어 ~하다, 반대로 ~하다 (= 裏にする, 物の見方や立場を反対にする, turn over)

⇨ 彼は上手にパンケーキを裏返した。〔プ英〕

He skillfully turned the pancake over.

그는 능숙하게 팬케이크를 뒤집었다.

⇨ オーバーを裏返して日に干(ほ)しなさい。〔プ英〕

Turn the overcoat inside out and hang it out in the sun to air.

오버코트를 뒤집어 햇볕에 말리세요.

⇨ 原版(げんぱん)をガラス板(いた)の上に裏返して置く(=コピーするとき)。〔ニュ和英〕

place the original face down on the glass.

원판을 유리판위에 뒤집어놓다.

⇨ 裏返して考えてみれば。

if you look at it from the other point of view.

뒤집어 생각해 보면.

9. ルーズさ : 허술함, 헐렁함, 칠칠치 못하고 게으름 (= さんまん, 大ざっぱ, だらしない, ふしだら, loose, Av「ルーズだ」로 多用)

⇨ ルーズさがまねく金銭(きんせん)トラブル。〔yp〕

허술함 때문에 일어나는 금전문제.

⇨ ルーズな生活をする。

lead a slovenly(a loose) life.

산만한 생활을 하다.

⇨ 金にルーズだ(= だらしがない, 金遣いが荒い)。〔プ英〕

He is careless with money. He is a spendthrift.

돈에 확실치 못하다.

⇨ 彼は時間にルーズだ。

He is not punctual.

그는 시간이 정확치 못하다.

10. 案外(あんがい)だ : 뜻밖이다, 예상외다, 의외이다 (= 思いがけない, 予想に反する, いがいだ, unexpected, surprising)

⇨ 案外な人が案外なことをするものだ。〔用例〕

뜻밖의 사람이 뜻밖의 짓을 하는 거다.

⇨ あの人があんなことをするとは案外だ。

그 사람이 그런 짓을 하다니 예상외다.

⇨ 案外な結果だった。

The results were surprising.

의외의 결과였다.

cf) 案外(あんがい) : (부) 뜻밖에, 예상외로, 의외로 (= 思いがけなく, 予想に反して, 驚いたことに, いがい, unexpectedly, surprisingly)

⇨ 私たちは案外早くそこへ着いた。[ニュ和英]

We got there unexpectedly early.

우리들은 예상외로 빨리 도착했다.

⇨ 利益(りえき)は案外少ない。

The profit will be much less than you think.

이익은 의외로 적다.

11. 出(で)くわす : 우연히 마주치다, 딱 마주치다 [= 偶然(ぐうぜん)に出会う, ばったりと会う, でっくわす, happen to meet, meet]

⇨ 出勤(しゅっきん)の途中で事故に出くわした。[ニュ和英]

I met with an accident on my way to work.

출근 도중에 사고를 만났다.

⇨ 町角(まちかど)で友人に出くわした。

길모퉁이에서 친구와 딱 마주쳤다.

⇨ えらい相手に出くわしたものだ。

대단한 상대에게 걸려들었다.

12. ～がありはしないか : ～가(이) 있지는 않은가?

⇨ 子供は産(う)めば勝手(かって)に育つという意識(いしき)がどこかにありはしないか。〔毎日〕

자식은 낳으면 마음대로 자란다고 하는 의식이 어디고 있지는 않은가?

⇨ 今まで考えつかなかったような新しい研究方法がありはしないか。〔毎日〕

지금까지 생각하지 못했던 새로운 연구방법이 있지 않은가?

⇨ 永(なが)い年月にわたって仏教の研究に打ち込んできた人間として、なにか後世(こうせい)に言いのこしたいことがありはしないか。〔yp, 仏教書〕

오랜 세월에 걸쳐 불교 연구에 매진해 온 사람으로서 뭔가 후세에 남기고 싶은 것이 있지는 않은가?

13. 大分(だいぶ) : 상당히, 꽤 (= 非常に, 大いに, かなり, 相当に, very, a great deal, rather, quite fairly, considerably)

⇨ 君の英語はだいぶ上達したね。〔ニュ和英〕

Your English has improved very much.
너의 영어실력 상당히 늘었네.

⇨ 彼はだいぶ疲れているようだ。
He seems very [so, rather, quite, pretty] tired.
그는 꽤 지쳐있는 것 같다.

⇨ この前お目にかかってからだいぶたちますね。〔ニュ和英〕
It's been quite a long time since I saw you last.
일전에 뵙고 난 후 시간이 꽤 흘렀네요.

⇨ 昨夜(さくや)は雪がだいぶ降った。
It snowed a lot [a great deal] last night.
지난밤에는 눈이 꽤 왔다.

14. ～の敗色(はいしょく)が濃(こ)ゆくなる : ～의 패색이 짙어가다

⇨ 太平洋戦争の末期の敗色こゆくなった1944年に、それまで雑誌などにかいた論文の一部をあつめて出版した『国民住居論攷』。〔머리V, 본문〕
태평양 전쟁 말기, 패색이 짙어져 가던 1994년 그때까지 잡지 등에 썼던 논문의 일부를 모아서 출판했던 『국민주거논고』.

cf) 濃(こ)ゆい : 진하다 (= 「濃(こ)い」の西日本方言, 「濃(こ)いい」となることもある)

⇨ 治療(ちりょう)を始めてから薬のせいか肌(はだ)の色

がこゆくなってきました。〔yp〕

치료를 시작한 후 약 탓인지 피부색이 진해졌습니다.

⇨ 韓国の料理はとっても味がこゆくておいしい。〔yp〕

한국 요리는 맛이 무척 진하고 맛있다.

15. 覆刻(ふっこく) : 복각, 복간 (= 書籍類で原本そのままに新たな版を作って出版すること, reproduction)

⇨ 往年(おうねん)の名著(めいちょ)を覆刻する。〔泉〕

왕년의 명저를 복각하다.

⇨ 読者の便(べん)をはかるため、まず戦前版年鑑(ねんかん)を覆刻した。〔yp〕

독자의 편의를 꾀하기 위해 먼저 戦前판 연감을 복간했다.

⇨ 覆刻本(ふっこくぼん)とは、原本(げんぽん)どおり新たに作った版で再版(さいはん)された本である。〔林〕

복각본이라는 것은 원본과 같이 새로 만든 판으로 재판된 책이다.

16. 内輪(うちわ) : 내부(집안) 사람끼리임, 내밀, (금액 등) 약간 줄여잡는 일 (= 家族内の人たち, 内部, 内密(ないみつ), 私的な, ひかえめ, the one's family, private, moderate)

⇨ 内輪の結婚式。a family [a private] wedding.
집안 결혼식.

⇨ これは内輪の話だよ。〔ニュ和英〕
Let's just keep this private between ourselves.
이것은 우리들만의 이야기야.

⇨ 相続(そうぞく)問題で内輪もめをしている。〔プ英〕
They are quarreling among themselves over the inheritance.
상속문제로 집안싸움을 하고 있다.

⇨ 葬式(そうしき)は内輪で行うつもりです。
We will keep the funeral within the family circle.
장례식은 집안사람들끼리 할 것이다.

⇨ 内輪に見積もっても招待者(しょうたいしゃ)は100人を下(くだ)らない。〔プ英〕
By moderate [conservative] estimates, at least a hundred people will be invited.
약간 줄잡아 초대자는 적어도 100명은 될 거야.

⇨ 建築費(けんちくひ)は内輪に見積(みつ)もって5千万円になるだろう。〔ニュ和英〕
A moderate [A conservative] estimate for the building expenses would amount to fifty million yen.
건축비는 약간 줄잡아 5천만 엔이 될 거야.

17. 方々(ほうぼう) : 여기저기, 여러 방향, 사방 (= いろいろな場所で, あちこち, in various places, everywhere, here and there)

⇨ 世界の方々から日本に来る。〔ニュ和英〕

come to Japan from various [all] parts of the world.

세계 여기저기에서 일본에 오다.

⇨ その植物(しょくぶつ)は方々にある。

The plant is found here and there.

그 식물은 여기저기에 있다.

⇨ いなくなった猫を方々たずね歩いた。〔プ英〕

I went around looking for my lost cat all over the place.

사라진 고양이를 사방으로 찾아 나섰다.

⇨ 方々に飛(と)び火(ひ)した。

Fires were started in several places by the sparks.

여러 방향으로 불이 번졌다.

18. 書(か)き散(ち)らす : 휘갈겨 쓰다, 여기저기에 쓰다, 마구 쓰다 (= 筆にまかせてに書く, あちこちに書く, scribble, scrawl)

⇨ 壁じゅうに何だか分からないものが書き散らしてあった。

The wall was scribbled all over.

벽 전체에 알 수 없는 글자가 휘갈겨 쓰여 있다.

⇨ 駄文(だぶん)を書き散らして生計(せいけい)を立てている。〔プ英〕

I live on what I can turn out with my pen.

좋지 않은 글을 여기저기에 써서 생계를 이어가고 있다.

⇨ 彼は三文(さんもん)小説を雑誌に書き散らしている。〔プ英〕

He dashes off cheap stories for magazines.

그는 싸구려 소설을 잡지에 써 대고 있다.

cf) V+散(ち)らす : 널리 미치다, 마구~하다, 마구~해대다 (広い範囲に及ぶようにする, あらあらしく～する、むやみに～する, 細かい点を気にせずに～する)

⇨ ごちそうを食い散らす。

진수성찬을 마구 먹어대다.

⇨ 手当(てあ)たり次第(しだい)に本を読み散らした。〔泉〕

He read every book he could lay his hands on.

닥치는 대로 책을 읽어댔다.

⇨ 彼は腹立(はらだ)ちまぎれにみんなに怒鳴(どな)り散らした。〔泉〕

He ranted and raved at everyone in his fury.

그는 화난 나머지 모두에게 마구 고함쳤다.

⇨ まきちらす(흩뿌리다), 蹴(け)ちらす(차서 흩뜨리다, 마구 차대다), わめきちらす(큰소리 치다)

19. 気軽(きがる)だ : 가볍다, 소탈하다, 기꺼이 하다, 부담 없이 하다, 자유롭게 하다, 친숙히 하다 (= 喜んでする, 遠慮せずにする, 親しくする, readily, freely, in a friendly manner)

⇨ 気軽な服装(ふくそう)。casual clothes.
가벼운 복장.

⇨ 母は気軽な性質(せいしつ)だから、よく人の世話(せわ)をします。〔用例〕
어머니는 소탈한 성질이라서 곧잘 남을 돌봅니다.

⇨ あの先生は本当に気軽なお医者で、病気があればいつでも気軽に来て診(み)てくださいます。〔用例〕
저 선생님은 정말로 소탈한 의사분이며 환자가 있다면 언제라도 기꺼이 오셔서 진찰해 주십니다.

⇨ 気軽に読める本を推せんする。〔ニュ和英〕
recommend a book for light reading.
부담 없이 읽을 수 있는 책을 추천하다.

⇨ 気軽に話し合える友人(ゆうじん)。〔プ英〕
a friend who is easy to talk to.
자유롭게 서로 이야기할 수 있는 친구.

20. 働(はたら)き手(て) : 일꾼, 수완가, 중심 역할을 하는 사람, 집안의 기둥, 생계를 잇는 사람 [= 働く人, 中心になって役に立つ人,　家計の担(にな)い手(て), a real worker, a driving force behind, the breadwinner]

⇨ 店には、若い働き手が多い。

가게에는 젊은 일꾼이 많다.

⇨ 彼はわが社にとって欠(か)くべからざる働き手だ。〔プ英〕

His work is indispensable to our firm.

그는 우리 회사에 빠트릴 수 없는 수완가이다.

⇨ 一家の働き手である父を無(な)くした。〔プ英〕

We lost our father, who was the support of our family.

우리 집안의 기둥인 아버지를 잃었다.

21. 急逝(きゅうせい)する : 갑자기 죽다, 급사하다 [= 急に死ぬ, 急死(きゅうし)する, die suddenly]

⇨ 急逝した作家(さっか)を悼(いた)む。〔泉〕

갑자기 돌아가신 작가를 애도하다.

⇨ 遺言残(いげんのこ)さず父親が急逝しました。

유언을 남기지 않고 부친이 갑자기 돌아가셨습니다.

⇨ 友達が交通事故によって急逝した。

친구가 고통사고로 갑자기 죽었다.

⇨ 心臓発作(しんぞうほっさ)で急死する。

die suddenly of a heart attack.

심장발작으로 급사하다.

22. 引(ひ)き受(う)ける : 떠맡다, 보증하다, 돌보다 [= 責任を持って受け持つ, 保証(ほしょう)する, 負債(ふさい)などを保証する, 世話(せわ)をする, undertake, take on, guarante, accept, take care of]

⇨ これ以上仕事を引き受けられない。〔ニュ和英〕

I can't take on any more work.

이 이상 일을 떠맡을 수 없다.

⇨ 議長(ぎちょう)の役を引き受ける。

take on the post of chairperson.

의장자리를 떠맡다.

⇨ 彼の借金(しゃっきん)の返済(へんさい)を引き受ける。〔ニュ和英〕

guarantee the payment of his debts.

그의 차용금 변제를 보증한다.

⇨ おばが子供たちの世話を引き受けてくれることになった。

My aunt agreed to take care of my children.

삼촌이 아이들의 뒷바라지를 돌봐주기로 되어 있었다.

23. かかずらう(係う·拘う) : 관련되다, 관계하다, 구애하다 [= 関(かか)わる, こだわる, be particular(fussy) about]

⇨ 面倒(めんどう)な事件にかかずらう。

성가신 사건에 관련되다.

⇨ だからこそぼくは、そうしたことにかかずらうことをきっぱりと止め、それについては一般に認められているところをそのまま信じることにする。〔yp, プラトン〕

그렇기 때문이야말로 나는 그런 일에 관한 것을 단호히 중지하고 거기에 대해서는 일반적으로 인정되고 있는 부분을 그대로 믿기로 한다.

⇨ 彼は細かい点にかかずらって大事な点を見落(みお)とす。〔プ英〕

He is fussy about minor details and misses the important points.

그는 사소한 점에 매달리면서 중요한 점을 빠트린다.

24. つい : 겨우, 지금 막, 잘못하여, 부주의하여, 그만, 뜻밖에, 그렇게 생각하면서 [= ほんの, わずか, たった今, うっかり, 不注意(ふちゅうい)に, 思わず, そう思いながらも, only, just now, by mistake, carelessly, in spite of oneself]

⇨ 彼らが引っ越して来たのはつい三日前[最近]のことだ。

They moved in only three days ago [only recently].

그들이 이사 온 것은 겨우 3일전의 일이다.

⇨ ついい今しがた彼女から手紙を受け取った。

I've just got a letter from her.

지금 막 그녀로부터 편지를 받았다.

⇨ ついうっかりして彼のかばんを持って行ってしまった。〔ニュ和英〕

I've taken his bag by mistake [carelessly].

잘못하여 그만 그의 가방을 갖고 가버렸다.

⇨ 秘密(ひみつ)だったのに、ついしゃべってしまった。〔用例〕

비밀이었는데 그만 이야기해 버렸다.

⇨ 怒(おこ)ってはいけないと思いながら、つい腹(はら)を立ててしまいました。〔用例〕

화내서는 안 된다고 하면서 그만 화를 내고 말았습니다.

25. 追(お)い回(まわ)す : 눈코 뜰 새 없이 바쁘다, 뒤쫓다 (= あちこちと追いかける, つきまとう, chase, run after a person, follow a person about)

⇨ 仕事に追い回されて(= 仕事でとても忙しくて)本を読む余裕(よゆう)なんかないよ。〔ニュ和英〕

I'm very busy with work, so I've no time to

read.

일에 쫓겨 책을 읽을 여유 같은 것 없다.

⇨ 彼はいつも女の尻(しり)を追い回している。〔プ英〕

He is always chasing girls.

그는 늘 여자 꽁무니를 짓궂게 따라다닌다.

⇨ 休暇(きゅうか)も与えず店員を追い回す。〔用例〕

휴가도 주지 않고 점원을 부려먹다.

26. 一向(いっこう)はかどらず : 조금도 진척되지 않고 (= make no progress with)

⇨ 来週には引越(ひっこ)しなので荷詰(にづ)めをしないとダメなのに暑くてクーラーをつけながらしても一向にはかどらず…。〔yp, 日記〕

다음 주에는 이사가야 하기에 짐을 싸야되는데 더워서 에어컨을 틀고 있으면서도 전혀 일이 진척되지 않고….

⇨ 他方、古い研究にかかずらうよりも、新しい研究をすすめることの方がより大切だという気もして、つい日常の仕事に追いまわされ、まとめの方は一向はかどらず、幾度か沙汰やみになった。〔머리V, 본문〕

한편, 오래된 연구에 구애되는 것보다는 새로운 연구를 추진하는 것이 보다 중요하다는 생각도 들기도 하여 결국 일상적인 일에 쫓겨, 정리야말로 조금도 진척되지 않았고 몇 번이나 계획이 중지되었다.

cf) 一向(いっこう) : (부정 수반) 전혀, 조금도 [= 少しも~でない, not~at all]

⇨ 薬を飲んでも一向に効(き)き目(め)がない。〔川端, 雪国〕

약을 먹어도 전혀 효험이 없다.

⇨ そんなことは私には一向構わない(= 問題ではない)。〔ニュ和英〕

That doesn't matter to me at all.

그런 일은 나에게 전혀 문제가 되지 않는다.

cf) 捗(はかど)る : 잘 진척되다, 일이 순조롭게 되어가다 (= 成果を得る, make progress with)

⇨ この頃は勉強も愛も変なくらいはかどるんです。〔yp〕

요즈음은 공부도 연애도 이상할 정도로 잘되어요.

⇨ 仕事ははかどっていますか。〔プ英〕

How's your work going?

일은 잘 되고 있습니까?

⇨ 工事(こうじ)が思いのほかはかどっているので、この分(ぶん)だと、完成(かんせい)の予定(よてい)が早(はや)まりそうだ。〔例文〕

공사가 의외로 잘 진척되고 있어서, 이대로라면 완성 예정이 빨라질 것 같다.

27. 沙汰止(さたや)みになる : (계획 등이) 중지되다 [= 中止(ちゅうし)になってしまう, おながれになる, be abandoned, give up]

⇨ 不景気(ふけいき)で昇給(しょうきゅう)もさたやみになる。
불경기로 월급 인상도 중지되다.

⇨ にわかに雨が降り出して旅行の計画が沙汰やみになった。
갑자기 비가 내려서 여행계획이 중지되었다.

⇨ 道路拡張(かくちょう)計画が沙汰やみになる。〔泉〕
도로 확장 계획이 중지되다.

cf) 沙汰(さた) : 행위, 사건, 소식, 통지, 소문, 평판, 지시, 시비의 판가름 [= 行為, しわざ, 事件, 便(たよ)り, 音沙汰(おとさた), 評判, 指図(さしず), an act, an affair, an order]

⇨ あの男がそんなことをするとは、とても正気(しょうき)の沙汰とは思えない。
저 남자가 그런 것을 한다는 것은, 도저히 제정신으로 한 행위라고는 생각할 수 없다.

⇨ どの貴族(きぞく)のサロンでも、最も好(この)まれた話は色恋沙汰(いろこいざた)と醜聞(しゅうぶん)だった。
〔例文〕
어느 귀족의 사롱에서도 가장 사랑받던 이야기는 연애사건과 추문이었다.

⇨ 町中(まちじゅう)のもっぱらの沙汰である。

The rumor has spread all over town.

온 마을에 소문이 퍼졌다.

⇨ 追(お)って沙汰するまで待て。

Await further instructions [orders].

추후 지시가 있을 때까지 기다려!

⇨ 私に向かってそんな口答(くちごた)えするなんて沙汰の限(かぎ)りだ[= 以(もっ)ての他(ほか)]。

How dare you talk back to me like that!

나를 향해 그런 대답을 하다니 당치도 않는다(언어도단이다).

⇨ 早くけんかをやめさせないと、警察(けいさつ)沙汰(ざた)になるぞ。〔例文〕

빨리 싸움을 그만두지 않으면 경찰서로 넘길 거야.

⇨ 地獄(じごく)の沙汰も金次第(かねしだい)。〔諺, 시비의 판가름〕

Money makes the mare to go.

지옥에서의 판가름도 돈으로 좌우된다(돈으로는 귀신도 부릴 수 있다).

28. 陽(ひ)の目(め)をみる : 세상에 나오다, 세상의 빛을 보다 (= 実現する, それまで知られていなかったものが世間に認められる, see the

light of day, be realized, 「日の目を見る」로도 표기됨)

⇨ 日の目を見ることのない原稿(げんこう)。〔ニュ和英〕

manuscripts destined never to see the light of day.

세상의 빛을 보지 못한 원고

⇨ 彼の映画は日の目を見る(= 一般に公開される)ことがなかった。〔ニュ和英〕

His movie was not shown to the public.

그의 영화는 일반에 공개된 적이 없다.

⇨ 携帯電話の新型がようやく陽の目を見ることになりました。〔毎日〕

신형 휴대전화가 드디어 세상의 빛을 보게 되었습니다.

⇨ このバンドは、70年代に埋(う)もれてしまって陽の目を見ることになったのはその後の話だと言っても過言(かごん)ではないだろう。〔yp, 音楽〕

이 밴드는 70년대 파묻혔으며 세상의 빛을 보게 된 것은 그 후라 해도 과언이 아닐 것이다.

29. 絶間無(たえまな)い : 끊임없는 [= 途絶(とだ)えることがない, 休みない, 途切(とぎ)れなく続く, やむことなく続く, continuous, incessant]

⇨ 昨日から雪が絶え間なく降っている。

어제부터 눈이 끊임없이 내리고 있다.

⇨ 美しい地球を次代(じだい)に受(う)け継(つ)ぐために、たえまない創造(そうぞう)と挑戦(ちょうせん)を続けています。〔毎日〕

아름다운 지구를 다음 세대에 계승하기 위해 끊임없는 창조와 도전을 계속하고 있습니다.

⇨ コミュニケーション・デザインでは、お客さまへより良いシステム・サービスを提供(ていきょう)するため、社員一人ひとりが日々ひびたえまない努力を重(かさ)ねています。〔yp, 企業理念〕

커뮤니케이션·디자인에서는 손님들에게 보다 좋은 시스템서비스를 제공하기 위하여 사원 한 사람 한 사람이 매일 끊임없는 노력을 거듭하고 있습니다.

30. 励(はげ)ます : (5단) 격려하다, 힘을 돋워 주다 [= 力づける, 元気づける, encourage, cheer up, 명사형 : 励(はげ)まし]

⇨ がっかりしている友だちを励ましてやる。〔用例〕

낙담하고 있는 친구를 격려해 주다.

⇨ 彼にもう一度やってみるよう励ました。〔ニュ和英〕

I encouraged him to have another try.

그에게 한 번 더 해보도록 격려했다.

⇨ 研究を続けるよう彼を<u>励ました</u>。〔プ英〕

I encouraged him to continue his research.

연구를 계속하도록 그에게 힘을 돋워 주었다.

⇨ 君が来てくれれば病人(びょうにん)は<u>励まされる</u>と思う。〔プ英〕

I think a visit from you would cheer the patient up.

네가 오게 되면 환자는 힘이 날 것이다.

31. 筋道(すじみち) : 도리, 순서, 절차 (= 道理, 話や行動などの順序, reason, order, the thread)

⇨ <u>筋道</u>を立てて話す。

state one's ideas in logical order.

조리 있게 이야기하다.

⇨ 大切なことは、「なぜそうなるのか」を考え「<u>筋道</u>の立った思考力」を身に付けていくことなのです。これは生きていく上でとても大切な力です。〔yp, 中1年の数学シラバス〕

중요한 것은, 「왜 그렇게 되는 것인가?」를 생각하여 「도리에 맞는(논리적인) 사고력」을 익혀가는 것입니다. 이것은 살아가는데 매우 중요한 힘입니다.

⇨ 彼のやることには彼なりに<u>筋道</u>がある。〔プ英〕

He has his own method [way] of doing things.

그가 하는 일에는 그 나름대로 순서가 있다.

⇨ 一定の筋道を踏(ふ)む。

follow a set method.

일정한 절차를 밟다.

32. グルーピング : 분류, 배합 [= 組分(くみわ)けすること, 配置(はいち)すること, grouping]

⇨ 似通(にかよ)ったものをグルーピングする。〔泉〕

유사한 것을 분류하다.

⇨ 合理的(ごうりてき)な範囲(はんい)でグルーピングを行う必要がある。〔毎日〕

합리적인 범위에서 분류를 할 필요가 있다.

⇨ 日本語文法教材の文法項目(こうもく)のグルーピングを検討(けんとう)する。〔yp〕

일본어 문법 교재의 문법 항목의 분류를 검토하다.

33. 組(く)み替(か)え : 재편성, 재결합 [= 再編成(さいへんせい), 遺伝的(いでんてき)組み換(か)え, rearrangement, reorganization, recombination]

⇨ 今年、学校予算の組みかえをする。〔用例〕

올해 학교의 예산 편성을 다시하다.

⇨ 遺伝子(いでんし)組みかえ食物を利用した食品加工(しょくひんかこう)といったようなものも含まれた。〔朝日〕

유전자 재결합 식물을 이용한 식품가공이라는 것도 포함되었다.

34. さなか(最中) : 한창 때 (= いちばん盛んな状態にあるとき, 進行中のとき, まっさかり, in the middle of)

⇨ 夏の最中に。in midsummer.
여름이 한창일 때.

⇨ 忙しい最中に厄介(やっかい)な仕事をもらった。[ニュ和英]
I was given a difficult job when I was busiest.
한창 바쁠 때에 귀찮은 일을 받았다.

⇨ 暑い最中でも彼女は厚い靴下(くつした)をはいている。[プ英]
한창 더울 때도 그녀는 두꺼운 양말을 신고 있다.

⇨ 大雨(おおあめ)のさなかに帰って来た。
폭우가 쏟아질 때 돌아왔다.

35. ～ものの : ～이기는 하지만 (= けれども, though, although)

⇨ その申(もう)し出(で)を引き受けたもののどうしたらいいのか分からなかった。[ニュ和英]
Though I accepted the offer, I didn't know what to do.
신청은 받았지만 어떻게 하면 좋을지 몰랐다.

⇨ 私の知ったことではない。とはいうもののやはり悲しいよ。

〔プ英〕

It's none of my business. But I am grieved nevertheless.

내가 알 바 아니다. 그렇지만 역시 슬프네.

⇨ 切符(きっぷ)をもらったから来るには来たものの、たいして面白い映画でもなかった。

표를 얻어서 왔지만 그다지 재미있는 영화도 아니었다.

⇨ 答えを教えてあげると約束はしたものの、実は僕にはよく分からないで困っている。

답을 가르쳐 준다고 약속은 했지만 실은 나도 잘 몰라 혼났다.

36. ぼうだいだ(厖大だ·膨大だ) : 거대하다, 방대하다, 놀랄 정도로 크다, 헤아릴 수 없다 [= 巨大(きょだい)だ, 広大(かくだい)だ, 驚くほど大きい, 計(はかり)知(し)れない, huge, vast, tremendous, immense]

⇨ 膨大な宇宙(うちゅう)旅行計画。

a colossal space flight project.

거대한 우주여행 계획.

⇨ 膨大な過剰生産(かじょうせいさん)。

enormous overproduction.

방대한 과잉생산.

⇨ 膨大な金額(きんがく)。

a huge amount of money.

놀랄만한 금액.

⇨ 彼から膨大な借金(しゃっきん)をしている。〔プ英〕

I have borrowed a huge sum of money from him.

그로부터 어마어마한 돈을 빌리고 있다.

⇨ 厖大な予算を計上(けいじょう)する。

방대한 예산을 계산하다.

⇨ この国は厖大な天然資源(てんねんしげん)に恵(めぐ)まれている。

This country is blessed with vast natural resources.

이 나라는 방대한 천연자원에 은혜를 받고 있다.

37. そぐう : (부정어 동반) 어울리다, 조화되다 [= 釣(つ)り合(あ)う, 似合(にあ)う, ふさわしい, match, be suitable for]

⇨ 彼女の帽子はドレスにそぐわない(= 釣り合わない)。〔ニュ和英〕

Her hat doesn't match [go well with] her dress.

그녀의 모자는 드레스에 어울리지 않는다.

⇨ そのドレスはパーティーにそぐわない(= ふさわしくない)。〔ニュ和英〕

The dress is unsuitable for the party.

그 드레스는 파티에 적합하지 않다.

⇨ 気持にそぐわないことはしたくない。〔プ英〕

I don't want to do anything that I don't feel like doing.

기분에 맞지 않는 일은 하고 싶지 않다.

38. 問(と)われつづける : 계속 거론되다

⇨ 自覚(じかく)と責任が、他の大人や同世代(どうせだい)との間で問われつづける。〔朝日〕

자각과 책임이 그 밖의 어른이나 동세대와의 사이에서 계속 거론되고 있다.

⇨ 選挙(せんきょ)によって政治家としての能力(のうりょく)が問われつづける。〔朝日〕

선거에 의해 정치가로서의 능력이 계속 거론되고 있다.

39. 幾(いく)ばく : 얼마, 어느 정도, 다소 [= どれほど, ある程度, 若干(じゃっかん). * 幾ばくもなく=まもなく]

⇨ いくばくの利益(りえき)を得(え)たか。〔泉〕

어느 정도의 이익을 얻었는가?

⇨ 旅費(りょひ)はまだいくばくか残っている。

여비는 아직 어느 정도 남아있다.

⇨ 彼女はもはや余命(よめい)幾ばくもない。〔プ英〕

Her days are numbered.／She doesn't have long to live.

그녀는 살날이 얼마 안 남았다.

⇨ その後幾ばくもなくして事故が再発(さいはつ)した。

그 후 얼마 되지 않아 사고가 재발했다.

40. 大(おお)まかだ : 대충이다, 대략적이다, 대범하다, 너그럽다 [= 細かいことにこだわらず, 大づかみであるさま, おおざっぱだ, 大様(おおよう)だ, rough, approximate]

⇨ 万事(ばんじ)に大まかな仕事(しごと)ぶり。

모든 일에 대충하는 일처리.

⇨ 大まかな見積(みつ)もりを立(た)てる。〔泉〕

대략적인 견적을 세우다.

⇨ 父は大まかな人間です。〔プ英〕

My father has no eye for detail.

아버지는 너그러운 사람입니다.

41. 書き改(あらた)める : 다시 고쳐 쓰다 (= rewrite, write again)

⇨ その物語(ものがたり)をやさしい英語に書き改める(= 書き直す)。〔ニュ和英〕

rewrite the story in easy English.

그 이야기를 쉬운 영어로 다시 고쳐 쓴다.

⇨ この一節(いっせつ)は<u>書き改める</u>必要がある。〔プ英〕

This passage needs rewriting.

이 문장은 다시 고쳐 쓸 필요가 있다.

cf) 改(あらた)める： 고치다, 바꾸다, 조사하다, 헤아리다 (= 変更する, 改正する, 調べる, 数える, change, revise, examine, count)

⇨ このごろ自動車が増えたから、交通の規則(きそく)を<u>改める</u>必要がある。〔用例〕

요즘 자동차가 늘어 교통 규칙을 고칠 필요가 있다.

⇨ 彼は心を<u>改める</u>とともに名(な)も<u>改め</u>、すっかり真人間(まにんげん)に生まれ変わった。

그는 마음을 고쳐먹고 동시에 이름도 바꿔 완전히 참인간으로 다시 태어났다.

⇨ 勉強に疲れたときは、お茶でも飲んで気分(きぶん)を<u>改める</u>とよい。

공부에 지칠 때는 차라도 마시면서 기분을 바꿔보면 좋다.

⇨ 日付(ひづけ)の「3月」を「4月」に<u>改める</u>。〔プ英〕

Read “April” for “March” in the date.

3월 날짜를 4월로 변경하다.

⇨ 旅券(りょけん)を改める。

check [examine] a passport.

여권을 조사하다.

⇨ 人数(にんずう)を改める。count heads.

사람 수를 헤아리다.

42. 了承(りょうしょう) : 승인, 이해, 동의 [= 承認(しょうにん), 理解, 同意(どうい), approval, understanding, consent]

⇨ 学校当局(とうきょく)の了承なしにクラブをつくった。

They organized a club without the approval of the school authorities.

학교당국의 승인 없이 동아리를 만들었다.

⇨ この件は落着(らくちゃく)したとご了承いただきたい。〔プ英〕

Please understand that this matter has been settled.

이 건은 해결되었음을 알아주세요.

⇨ 立見席(たちみせき)しかありませんがご了承ください。〔プ英〕

We regret that only standing room is available.

입석밖에 없음을 이해해 주십시오(유감입니다).

⇨ この案(あん)を了承なさいますか。

Will you consent to this plan?

이 안을 동의하시겠습니까?

43. 蒸(む)し返(かえ)す : 한번 쪘던 것을 다시 찌다, 다시 문제 삼다 [= もう一度蒸す, 再(ふたた)び問題にする, steam over again, rehash]

⇨ 腐(くさ)らないように御飯を<u>むしかえす</u>。

쉬지 않도록 밥을 다시 찌다.

⇨ 彼らはその議論(ぎろん)を何度も<u>蒸し返し</u>た。〔ニュ和英〕

They rehashed the arguments again and again.

그들은 그 토론을 몇 번이고 다시 했다.

⇨ そのことは<u>蒸し返さ</u>ないでくれ。〔ニュ和英〕

Don't start that (all) over again.

그 일은 다시는 문제 삼지 마.

머리말본문 번역

이 저서는 내가 지금까지 연구보고서나 잡지(일부는 단행본) 등에 발표해 왔던 논문을 주제에 따라 4부로 정리한 저작선집의 하나이다.

연구실에 계속 들어오는 젊은 연구자에게 똑같은 것을 반복해서 말하는 것은 교육자로서 당연한 일이지만 그러한 일은 나에게는 질색이다. 같은 말을 반복하는 것은 노화의 징조라 하듯이 선배나 노인을 바라보던 옛날을 생각해 보면 더욱 마음이 내키지 않는다. 그러나 그것을 바꾸어 생각하면, 칠칠치 못한 행동이 아니었는지 또는, 뜻밖의 일을 이해해 주지 못하는 후진을 만나, 내가 태만하지는 않았나 하고 깨닫는 일이 요즘에 와서 많다.

나의 연구실은 주택이나 도시·지역계획을 전공으로 하고 있는데, 물론 「교과서」따위는 없다. 「필독문헌집」이라는 것을 만들 필요가 있지 않을까 꽤 오래전부터 의논했는데, 필독이라고 할 정도는 아니더라도 읽어주었으면 하는 것 중에 내가 옛날에 썼던 것도 몇 개 있다. 태평양전쟁 말기, 패색이 짙어져 가던 1994년 그때까지 잡지 등에 썼던 논문의 일부를 모아서 출판했던 「국민주거논고」라는 책도 그 중에 하나였다.

이것을 복각(覆刻)하면 어떨까하는 이야기도 나왔다. 그러나 그러한 것을 한다면, 우리 연구실을 위해서만이 아니라 일반 연구자나 이 방면에 관심을 가진 많은 동료 학자를 위해서, 또 단순히 전쟁 전의 것에 한하지 않고, 전후 여기저기에 휘갈겨 쓴 것 중에서, 지금은 간단하게 손에 넣기 힘들게 된 것도 정리해서, 아주 부담 없는 의미의 「저작집」을 내놓는 것이 보다 의미 있는 일이 아닐까 하는 이야기가 나왔다.

내 연구실의 우수한 연구원이었던 기누야 히로키 박사가 외유 중 교통사고로 갑자기 세상을 떠나고, 그 저작집을 내게 되었을 때, 그 일을 맡아 주었던 게이소 쇼보 가 계속 이 일도 맡아 주게 되어서, 1965년의 가을경부터 정리를 시작하게 됐다. 그러나 막상 일을 시작하고 보니 무엇을 수록하면 좋을지 선택하기가 꽤나 어려웠다. 한편, 오래된 연구에 구애되는 것보다는 새로운 연구를 추진하는 것이 보다 중요하다는 생각도 들기도 하여 결국 일상적인 일에 쫓겨, 정리야말로 조금도 진척되지 않았고 몇 번이나 일이 중지되었다. 이 책이 늦게나마 이제 세상에 나오게 된 것은, 케이소 쇼보 의 이소자키 요시코 씨의 끊임없는 격려 덕택이라 생각하고 있다.

여기에 정리한 것은 연구 발전의 순서와 그 성과를 보는데 내 나름대로 가장 의미 있다고 생각한 것을 중심으로 했다. 처음에는 앞에 서술한 「국민주거논고」를 합쳐

재간(再刊)하고 여기에 전후의 것을 주택·도시계획·건축론이라는 형태로 그룹화해서 정리해 보려고 생각했지만, 주택에 관해서는 전부 다시 짜서 시기적으로 전쟁 전편과 전쟁 후편의 두개로 하기로 했다. 본편은, 그 「戦前편」이며 내가 가장 중요한 테마로 몰두해 왔던 국민주거에 관한 전쟁전의 조사·연구와 그 건설·계획에 대한 제안을 정리하고 있다.

나는, 건축가가 예전부터 「설계」라는 형태로 관여해 왔던 소수의 주로 상류·부유계층의 주택에 대해서, 국민의 대다수를 묶는 서민의 주택건설·계획이 중요한 일로 받아들여지지 않으면 안 된다는 것, 그것을 추진하는 데는 지금까지처럼 건축가가 주문을 받아 건축을 설계하는 과정과는 전혀 다른 건설과 계획체제가 필요하다는 것, 그것은 당연히 주택의 공급체제, 혹은 보다 근본적인 주택문제에 대처해 가는 주택정책의 큰 전진이 기본적인 전제가 되는데, 그 중에서 기술적으로는 지금까지의 건축설계가 의지하고 있던 건축가의 경험주의적·직관적 혹은 예술적 디자인의 방법과는 다른, 주택에 관한 과학적인 조사연구에 기초한 프랜닝 방법이 확정되지 않으면 안 된다는 것 등을 주장해 왔다.

그러한 타입의 일은 제 2차 세계전쟁이 한창일 때, 정부의 자금에 의해 주택을 건설·경영하는 주택영단이 설립되고, 당시 「국민주택」이라고 불리던 규격화된 주택 공급이 문제가 된 과정을 통하여 비로소 현실에 나타났다. 이 중에 확립된 계획이론은, 전후 커다란 발전을 본 공영이나 공단 등 공적 주택공급기관에 의한 서민 주택의 대량 건설의 진전 속에 새로운 전개를 보게 되었다.

이 같은 계열의 주택건설의 발전 속에서, 거기에서 나온 주택계획의 방법론, 각각의 단계에서 제출된 규격이나 제안, 게다가 장래의 국민주택이 어떠한 방향을 향해서 발전할 것인가 라는 전망을 모은 것이 전쟁 전, 전쟁 후 두 편으로 되어있는 주거편의 내용이지만, 본서 「주택계획」편은 그 수록하는 논문의 시기를 일단 전전·전중의 것만으로 한정했다. 단, 전체의 연구의 전개를 이해하기 쉽게 하기 위해, 서편(序篇)으로서 넣은 논문은 전후에 쓰인 것이고, 또 제 Ⅳ부에 수록한 「부흥주택에 대한 제안」은 전전의 연구를 기초로 해서 이루어진 제안으로, 패전 직후지만, 시기적으로는 전쟁 후에 속하는 것을 미리 말해둔다.

또한 이 시기에 출간된 저서로서 주택문제를 논한 『주택문제』라는 단행본이 있는데 본서는 이것에 관해서는 전혀 언급하고 있지 않다. 또, 1944년에는 학위논문으로서 「서민주택연구」가 완성되었지만, 이것은 방대한 양에 이르는 것으로 도저히 간행할 수 없다. 본서와는 일단 별개의 저작이지만, 거기에서 논한 문제점은 가능한 한 본서에 수록되도록 구성했다.

본편은 6부로 나누어져 있다. 처음 「序」부는, 앞에서 서술한 것처럼 1958년에 쓰인 것으로 논지는 전쟁 후에도 영향을 미치고 있는데, 내가 그때까지의 주택연구에 어떤 식으로 몰두해 왔는가를 개관하고 있어서 본편의 서장(序章)으로 하는 뜻으로 제일 처음에 수록했다.

Ⅰ은, 「주택」이라는 건축 중에서 가장 기본적인 건축형(型)에 관해 특히 그 중 대부분을 차지하는 서민주택에 대해, 과거에 연관을 지은 일이 적었던 건축가가, 어떠한 연관을 설정해야 되는지 논한 것으로, 현재와는 꽤 다른 전전의 상황을 전제로 하였으며, 주로 건축가용으로 쓰인 것이어서 현 정세에는 조금 맞지 않은 느낌도 드는데, 주택연구와 주택정책에 관련하여 건축가의 직능이나 그 사회적 책임이 현재에도 계속 추궁되고 있다는 점도 감안 감히 수록했다.

Ⅱ는, 주택연구의 출발점이 되는 주택조사에 관해 저자가 이루어 놓은 일의 전형적인 내용 일부를 수록했다.

Ⅲ은, 저자가 확립하려고 노력한 주택계획의 방법론과 이것에 의해 진행된 Ⅱ의 주택에 관한 모든 조사를 기초로 하는, 주택에 관한 약간의 구체적인 분석과 제안을 수록한다.

Ⅳ는, 그러한 연구를 근거로 해서 종전 직후에 정리한 주택부흥 건설계획에 관한 제안으로 전전 주택연구의 하나로서 총결산과 같은 것이었다. 그러나 얼마 되지 않아

패전 후 우리나라에 놓인 조건 가운데, 이와 같은 제안의 비현실성이 분명해졌지만 그 이후의 것에 관해서는 전후편 「주거론」에 맡긴다.

마지막 V는, 주택계획의 발전을 나타낸 자료로서 패전에 이르기까지의 주택형 계획에 관련이 있는 공적(公的)으로 제안된 규격·기준 등의 주된 것을 수록했다.

본서에 수록한 모든 논문은 반드시 발표 당시와 같은 제목으로 되어있지 않다. 그것들이 발표된 년 월일이나 소재지(所載誌), 발표 당시의 원제 등과 함께, 이것이 쓰인 당시 사정이나 배경, 그 대략의 내용 등을 모아서, 독자의 이해를 돕기 위해 각장의 제목 속표지 이면에 해설해 두었다. 이것은 옛날 저서 『국민주거논고』와 같은 방법이다. 또한, 구 가나표기법과, 구 한자, 문자의 뜻이 통하기 어려운 곳은 다소 고쳐 쓰고 있음을 양해하기 바란다.

약 30년 전에 쓰인 것도 있으며, 시대에 뒤쳐진 것을 다시 문제 삼는다고 생각할지도 모르지만 이 분야의 연구사를 표시하는 뜻으로 생각해서 일부러 수록한 것도 있다. 독자에게 조금이라도 참고가 되면 좋겠다.

1967년 6월 니시야마 우조

제4장

新訂 ピアノの学習

全日本ピアノデュオコンクールの様子。
(東京オペラシティ)

《제4장》

출전

長岡敏夫(ながおかとしお)、『新訂 ピアノの学習』、1981年 3月 6刷(1972年 11月1刷)、(株)音楽之友社

머리말 본문

はじめに

ピアノをひくという行為は、作品の再現を通して自己の音楽を創造することである。作品とは、つまり楽譜である。楽譜は作曲者の想念を表わす符号の集まりみたいなものであり、それを解釈し、それに生命の息吹を[1]与えるのは演奏者である。

楽譜というものは古い時代のものほど、現在の楽譜という概念からすれば不完全である。中世からルネサンス時代にかけての楽譜は、およそ現在のものからはかけ離れている。[2]バロック時代も後期になると、やっと現在のものに近くなる。

古い時代の音楽を研究し、的確なる[3]判断のもとに、現代の楽譜に忠実に再現したもの、または大作曲家の自筆原稿をもとに一音[4]の付加も省略もなされずに編集されたものをわれわれは原典版URTEXTといっている。しかし編集者により多少の加筆がなされる場合もある。大作曲家といえども[5]作品によっては誤記もあるし、時には前後の脈絡も考えずに音を加えたり、音を省略したりする場合もある。とにかく、原典版による学習、演奏は現在では世界的な常識となっている。ひと昔前までは、[6]たとえば、バッハ作曲

=ブゾーニ編曲の曲などが重要な演奏会のプログラムを飾っていたが、現在では特殊なものを除きおおかた姿を消している。それだけ奏者の個性が尊重される時代でもある。

本書では、とくにバロック時代および古典、ロマン派時代の主要な作品には、原典楽譜の編集者名と出版社を記し学習者の便に供するとともに、[7]原典の解釈に必要と思われる編曲版をもあわせ記しておいた。

戦後、日本において音楽大学は大量に増設され、年々[8]膨大な指導者が輩出されている。学習者は、各楽器会社によるピアノの学習を主体とした音楽教室が開設されてより急速にその数を増し、今やその教育システムは海外にまで輸出されているものもある。別に街におけるピアノ教室はいろいろな問題をはらみながらも[9]殷賑を[10]きわめている。また、日本において育ったかなりの数の優秀なピアニストの国外における活躍もめざましい。日本人によるピアノ作品も年々その数を増し、その一部はすでに国際的に高く評価されている。

音楽というものは、一朝一夕に[11]教師の命令に従っていて生まれるわけのものではない。音楽を学ぶということは、作品に感動する能力をもつことである。立派な作品の背後には、人生への深い洞察と美しいものへの共感がある。

ピアノの学習を登山にたとえてみればおもしろい。頂上に登るためにはいろいろな道がある。ただひとつの道にこだわっていてはならない。性急な[12]人間はいきなり[13]直登を試みる。しかしそれはスリルはあっても危険を伴う。ゆっくり登ろうとすればかなりの時間を要する。が、途中いろいろな景色を満喫することができる。[14]頂上といっても高低さまざまである。より高い山へ登ろうと思えばそれだけの体力と知力、それに何よりも根気がいる。[15]高度な芸術作品を演奏するためには、磨きぬかれた[16]テクニックと、するどい音楽的感性が必要である。

自己の程度をみきわめないで、[17]やたらに[18]むずかしい名曲により組むことほど、滑稽で[19]悲惨なことはない。またこれは大変な時間の浪費でもある。テクニックはそれほどでなくても、ひける名曲はいくらでもある。本書では、ルネサンス後期から現代にいたるまでの著名な作曲家の鍵盤作品 — 古典以後はピアノ作品 — にはすべて15段階の難易度を付し学習者の便に供した。そして、奏法上疑点[20]の多いものに対しては、できるかぎりその解明につとめた。しかし、各作品の難易度を計ることは、その作品の要求する技巧と[21]芸術的な密度と[22]の関連において多くの問題をはらんでくる。これはあくまでも目安であって[23]決して絶対的なものではない。

本を書くということは大変なことである。けれども、書かれた本を読むということも、これまた大変な努力がいる。が、厄介なことに[24]ピアノをひくということに対してはこの種の本は直接には何の役にも立たない。練習は毎日しなければならない。いかに音楽的な素質に恵まれていても[25]"指を動かす[26]努力"を忘れては何にもならない。1日怠れば[27]自分にわかり[28]2日怠れば専門家にわかり、3日怠れば素人[29]にわかるといわれている。根気のいることである。そのかわり、1曲でも名作を完全にマスターすれば、金で買うことのできない、また、いかなる[30]災害にも失われることのない貴重な財宝をもつことになる。ゲーテのいう"いそがず休まず"[31]ということはピアノ学習者にとっては最良の格言である。[32]

1972年 7月　長岡 俊夫

한자의 読み方

新訂(しんてい) : (저서를) 새로 정정함
再現(さいげん) : 재현
楽譜(がくふ) : 악보
想念(そうねん) : 상념
解釈(かいしゃく)する : 해석하다
演奏者(えんそうしゃ) : 연주자
不完全(ふかんぜん) : 불완전
後期(こうき) : 후기
的確(てきかく, てっかく)だ : 정확하고 확실하다
自筆原稿(じひつげんこう) : 자필 원고
大作曲家(だいさっきょくか) : 대 작곡가
付加(ふか) : 부가
原典版(げんてんばん) : 원전판
誤記(ごき) : 오기, 잘못 씀
常識(じょうしき) : 상식
飾(かざ)る : 장식하다, 꾸미다
奏者(そうしゃ) : 주자
尊重(そんちょう)する : 존중하다
編曲版(へんきょくばん) : 편곡판
増設(ぞうせつ)する : 증설하다
指導者(しどうしゃ) : 지도자
楽器(がっき) : 악기
急速(きゅうそく)だ : 급속하다
輸出(ゆしゅつ)する : 수출하다
殷賑(いんしん) : 번화하고 성함
活躍(かつやく) : 활약
教師(きょうし) : 교사

行為(こうい) : 행위
創造(そうぞう)する : 창조하다
作曲者(さっきょくしゃ) : 작곡자
符号(ふごう) : 부호
息吹(いぶき) : 생기, 활력
概念(がいねん) : 개념
中世(ちゅうせい) : 중세
忠実(ちゅうじつ)だ : 충실하다
再現(さいげん) : 재현
一音(いちおん) : 하나의 음
省略(しょうりゃく) : 생략
加筆(かひつ) : 가필
脈絡(みゃくらく) : 맥락
演奏会(えんそうかい) : 연주회
姿(すがた) : 자취, 모습
個性(こせい) : 개성
便(べん): 편의
大量(たいりょう) : 대량
膨大(ぼうだい)だ : 방대하다
輩出(はいしゅつ)する : 배출하다
開設(かいせつ)する : 개설하다
増(ま)す : 증가하다, 늘다
街(まち) : 길가, 거리
優秀(ゆうしゅう) : 우수
評価(ひょうか)する : 평가하다
能力(のうりょく) : 능력

立派(りっぱ)だ : 훌륭하다
洞察(どうさつ) : 통찰
登山(とざん) : 등산
性急(せいきゅう)だ : 성급하다
試(こころ)みる : 시도하다
要(よう)する : 필요로 하다
満喫(まんきつ)する : 만끽하다
体力(たいりょく) : 체력
根気(こんき) : 끈기
芸術作品(げいじゅつさくひん) : 예술 작품
悲惨(ひさん) : 비참
著名(ちょめい) : 저명
難易度(なんいど) : 난이도
奏法上(そうほうじょう) : 주법 상
解明(かいめい) : 해명
技巧(ぎこう) : 기교
目安(めやす) : 표준, 기준
直接(ちょくせつ) : 직접
怠(おこた)る : 게을리 하다
災害(さいがい) : 재해
最良(さいりょう) : 가장 멋있는, 최고의
背後(はいご) : 배후
共感(きょうかん) : 공감
頂上(ちょうじょう) : 정상
直登(ちょくとう) : 정면으로 오름
危険(きけん) : 위험
景色(けしき) : 경치
高低(こうてい) : 고저
知力(ちりょく) : 지력
名曲(めいきょく) : 명곡
滑稽(こっけい) : 골계
浪費(ろうひ) : 낭비
鍵盤(けんばん) : 건반
付(ふ)する : 첨부하다, 붙이다
疑点(ぎてん) : 의점, 의문점
計(はか)る : 재다, 측정하다
密度(みつど) : 밀도
厄介(やっかい)だ : 성가시다
素質(そしつ) : 소질
素人(しろうと) : 아마추어
貴重(きちょう)だ : 귀중하다
財宝(ざいほう) : 보물

주해

1. 息吹(いぶき) : 숨결, 생기, 활력 [= 微(かす)かなしるし, 生気(せいき)や活気(かっき)のあること, a breath]

⇨ 春の息吹が感じられる。〔ニュ和英〕

We feel a breath of spring in the air.

봄의 숨결을 느낄 수 있다.

⇨ 青春(せいしゅん)の息吹。

the vigor of youth／youthful energy.

청춘의 활력(생기).

⇨ 自分(じぶん)の中にあるのと、同じ感情(かんじょう)の息吹きを感(かん)じる。〔yp〕

자신의 마음속에 있는 것과 같은 감정의 숨결을 느낀다.

2. かけ離(はな)れる : 동떨어져 있다, 관계가 소원해지다 [= 遠く隔(へだ)たって離(はな)れる, 関係(かんけい)がごく薄(うす)くなる]

⇨ 中世からルネサンス時代にかけての楽譜は、およそ現在のものからはかけ離れている。バロック時代も後期に

なると、やっと現在のものに近くなる。〔머리V, 본문〕
중세부터 르네상스에 걸친 악보는, 전혀 현재의 것으로부터 동떨어져 있다. 바로크시대에도 후기가 되면 겨우 현재의 것에 가까워진다.

⇨ 民主党の鳩山由紀夫代表は30日「国民の深刻(しんこく)な実感(じっかん)と政府のペーパーがかけ離れている」と改(あらた)めて政府を批判(ひはん)した。〔yp, '02.10.30, 政治〕
민주당 하토야마 유키오 대표는 30일 국민이 심각하게 느끼는 실감과 정부의 계획이 동떨어져 있다고 다시 정부를 비판했다.

⇨ この事件で彼と友人の仲(なか)がかけ離れた。
이 사건으로 그와 친구와의 사이가 소원해졌다.

3. 的確(てきかく)なる + N : 정확한, 적절한

⇨ 古い時代の音楽を研究し、的確なる判断のもとに、現代の楽譜に忠実に再現したもの、～。〔머리V, 본문〕
구시대의 음악을 연구하고 정확한 판단을 근거로 현대의 악보에 충실히 재현한 것,～.

cf) 的確(てきかく)だ : 정확하다, 적절하다 [的(まと)をはずれず確(たし)かだ, 間違(まちが)いがない, 適切だ, accurate, exact, apt]

⇨ 車を運転(うんてん)するためには細(こま)かい的確な判断力(はんだんりょく)が必要です。〔例文〕
차를 운전하기 위해서는 세세하고 정확한 판단력이 필요합니다.

⇨ その日のことは的確には覚えていない。〔プ英〕
I don't remember exactly what happened on that day.
그 날 일은 정확하게는 기억이 나지 않는다.

cf) ～なる+N : ～인+N (= 존재의 판단, 助v 「なり」의 연체형, ～にある, ～にいる, ～にあたる)

⇨ そこでこれら国家受験者(じゅけんしゃ)のパイロットなる初級アマチュア無線工学書(むせんこうがくしょ)をまとめたいと考えている。〔머리V, 본문〕
그래서 이들 국가시험자의 안내서인 초급아마추어 무선공학서를 정리하고 싶다고 생각한다.

4. 一音(いちおん) : 하나의 음 (= 一つの音, 同一の音)

⇨ 事実(じじつ)、ウィーン・フィルから発(はっ)せられる最後(さいご)の一音は、まさに圧倒的(あっとうてき)な音です。〔yp, 演奏会〕
실은 윈 필로부터 발산되는 마지막 한 음은 그야말로 압도적인 음입니다.

⇨ または大作曲家の自筆原稿をもとに一音の付加も省略もなされずに編集されたものをわれわれは原典版URTEXTといっている。〔머리V, 본문〕
또는 대작곡가의 자필 원고를 기초로 일음의 부가도 생략되지 않고 편집된 것을 우리들은 원전판 유알 텍스트 라 한다.

5. ～といえども : ～하지만, ～라고 해도 [= ～けれども, ～から受(う)ける印象(いんしょう)や特徴(とくちょう)に反(はん)することを述(の)べる時, though]

⇨ 難しい仕事といえども楽しかった。〔ニュ和英〕
Though it was difficult work, I enjoyed it.
어려운 일이었지만 즐거웠다.

⇨ 高齢者(こうれいしゃ)と言えども、まだまだ意欲的(いよくてき)な人が大勢(おおぜい)いる。
고령자라고 해도 아직 의욕적인 사람이 많이 있다.

6. 一昔(ひとむかし) : 오랜 과거, 10년 전에 (= 昔として感じられるほどの過去, 10年, ages, a decade)

⇨ 彼が大学を卒業したのは一昔前になる。〔ニュ和英〕
It has been ages [an age] since he graduated

from university.

그가 대학을 졸업한 것은 10년 전이 된다.

⇨ それは一昔前の話だ。

That's an old story.

그건 오래된 이야기야.

⇨ もう一昔になる。

It was more than ten years ago.

벌써 10년이 됐네.

⇨ 十年ひと昔と言いますが、10代の十年、20代の十年、さらには30代、40代の十年とでは、社会性(しゃかいせい)や感受性(かんじゅせい)の違(ちが)いにより、懐古(かいこ)の感覚(かんかく)も違うものです。〔yp〕

십년 전 옛날이라고 말하는데 10대의 10년, 20대의 10년, 더욱이 30대, 40대의 십년이라는 것은, 사회성이나 감수성의 차이에 의해 회고의 감각도 다릅니다.

7. 供(きょう)する : 제공하다, 유용하게 쓰다, 도움을 주다 [= 差(さ)し出(だ)す, 提供(ていきょう)する, 役立(やくだ)てる, serve, offer]

⇨ 当博物館ではその古文書(こもんじょ)を一般の閲覧(えつらん)に供している。〔プ英〕

The ancient manuscript is on display for

public viewing in this museum.

당박물관에서는 그 고문서를 일반 열람으로 제공하고 있다.

⇨ 草の根(ね)を薬用(やくよう)に供する。〔プ英〕

use a root medicinally.

풀뿌리를 약용에 유용하게 쓰다.

⇨ 昨年の統計(とうけい)はまだ出ておりませんので、ご参考(さんこう)に供することができません。〔例文〕

작년 통계는 아직 나와 있지 않기 때문에 참고로 도움을 줄 수 없습니다.

8. 年々(ねんねん, としどし) : 해마다, 매년 (= 年を追うごと, 毎年, ねんねん, 年毎(としごと)に一層, every year, from year to year)

⇨ その店は年々(= 毎年)大きくなる。

The store gets bigger every year.

그 가게는 해마다 커져 간다.

⇨ ここ数年間かの交通事故の件数は、図に示されている通り、年々増加(ぞうか)しています。

최근 몇 년간 교통사고 건수는 그림에서 나타나듯이 매년 증가하고 있습니다.

9. はらむ(孕む) : 임신하다, 잉태하다, 내포하다, 품다 [= 子を宿(やど)す, 含(ふく)む, become pregnant, involve]

⇨ その女は子をはらんでいた。

The woman was pregnant.

그 여자는 아이를 임신했었다.

⇨ この事業は失敗すれば全財産(ぜんざいさん)を失う危険性(きけんせい)をはらんでいる。〔ニュ和英〕

This project involves the risk of losing all my fortune [money].

이 사업은 실패하면 전 재산을 잃을 위험성을 내포하고 있다.

⇨ 政局(せいきょく)は危機(きき)をはらんでいた。〔プ英〕

The political situation was critical.

정국은 위기를 내포하고 있었다.

10. 殷賑(いんしん) : 번성함, 매우 번화함, 활기가 넘침 [= にぎやかで繁盛(はんじょう)していること, 非常(ひじょう)ににぎやかで活気(かっき)に満(み)ちていること]

⇨ 歳末(さいまつ)の市場(しじょう)は殷賑を極(きわ)める。〔泉〕

연말의 시장은 매우 활기가 넘친다.

⇨ 京橋は伏見港(ふくみこう)の中心で殷賑を極めた頃には昼夜(ちゅうや)人声(ひとごえ)絶(た)えずと伝える。〔yp, 川を訪ねる旅〕

교오바시는 후쿠미 항구의 중심이며 아주 번화할 때는 밤낮으로 사람들이 끊어지지 않는다고 전한다.

11. 一朝一夕(いっちょういっせき)に : 단기간에, 하루아침에 [= 短い期間で, ひと朝(あさ)ひと晩(ばん), in a short time]

⇨ 一朝一夕に外国語を習得(しゅうとく)することはできない。〔ニュ和英〕

You cannot master a foreign language in a very short time.

단기간에 외국어를 습득할 수 없다.

⇨ そのような大事業(だいじぎょう)は一朝一夕には出来ない。〔プ英〕

Such a great undertaking cannot be accomplished overnight [in a single day].

그러한 대사업은 단기간에는 불가능하다.

⇨ この仕事(しごと)は長い準備(じゅんび)が必要で、とても一朝一夕にできるものではありません。〔例文〕

이 일은 오랜 준비가 필요한 것이며 도저히 하루아침에 될 수 있는 것이 아닙니다.

12. 性急(せいきゅう)だ : 성급하다, 경솔하다, 차분하지 않다 [= 気短(きみじか)だ, 軽率(けいそつ)だ, 落ち着きのない, せっかちだ, hasty, rash, restless]

⇨ 性急な決定(けってい)をする。〔ニュ和英〕

make a hasty decision.

성급한 결정을 하다.

⇨ 性急に事をはこびすぎる。〔プ英〕

You do things too hastily.

너무 경솔하게 일을 처리하다.

13. いきなり : 즉시, 갑자기, 돌연히, 예고 없이 [= 突然(とつぜん)に, 予告(よこく)なしに, suddenly, without notice]

⇨ ドライアイスは固体(こたい)からいきなり[= 間に他を介(かい)せずに]気体(きたい)になる。〔ニュ和英〕

Dry ice goes directly from a solid to a vapor.

드라이아이스는 고체에서부터 즉시 기체가 된다.

⇨ 何も言わずにいきなり泣(な)き出(だ)したのでびっくりした。〔用例〕

아무 말도 없이 갑자기 울었기 때문에 놀랐다.

⇨ いきなり解雇(かいこ)を言(い)い渡(わた)された。〔プ英〕

I was discharged without notice.

예고 없이 갑자기 해고 통지받았다.

14. 満喫(まんきつ)する : 만끽하다, 즐기다 [= 十分(じゅうぶん)に飲み食(く)いする, 十分に楽(たのし)む, have one's fill, enjoy]

⇨ 田舎(いなか)の生活を満喫する。〔ニュ和英〕
enjoy country life to the full.
시골생활을 만끽하다.

⇨ 彼らは春の暖かい日ざしを満喫していた。〔プ英〕
They were enjoying the warm spring sunshine to the full.
그들은 봄날의 따뜻한 햇살을 만끽하고 있었다.

⇨ 旅(たび)の宿(やど)では新鮮(しんせん)な料理がならべられ、旅人(たびびと)は山海(さんかい)の珍味(ちんみ)を満喫できた。〔例文〕
여행길 숙소에서는 신선한 요리가 차려져 여행자들은 산해진미를 즐길 수 있었다.

15. 根気(こんき) : 끈기, 힘 [= 忍耐(にんたい), 長期にわたる忍耐, 粘(ねば)り強さ, 精力(せいりょく), patience, endurance, perseverance, energy]

⇨ この仕事には大変な根気がいる。〔ニュ和英〕
This work takes a lot of patience.
이 일에는 대단한 끈기가 필요하다.

⇨ 彼女のぐちを黙って聞いているだけの根気はなかった。〔プ英〕

I didn't have the patience to listen quietly to her complaints.

그녀의 이야기를 가만히 듣고 있을 만한 끈기는 없었다.

⇨ 彼は根気よく努力しないから成功しない。〔プ英〕

He doesn't succeed because he does not persevere in his efforts.

그는 끈기 있게 노력하지 않으니까 성공하지 못한다.

⇨ 根気が尽(つ)きた。

My patience has run out.

힘을 다 소진했다.

16. 磨(みが)き抜(ぬ)く : 갈고 닦다, 완전히 연마하다 [=完全(かんぜん)に磨き終(お)える, 磨ききる]

⇨ 高度な芸術作品を演奏(えんそう)するためには、磨きぬかれたテクニックと、するどい音楽的感性が必要である。〔머리V, 본문〕

고도의 예술작품을 연주하기 위해서는 갈고 닦은 테크닉과 날카로운 음악적 감성이 필요하다.

⇨ 厳選(げんせん)された材料(ざいりょう)を磨きぬかれた伝統(でんとう)の手作(てづく)りで生(い)きた風味(ふうみ)！〔yp, お店〕
엄선된 재료를 다듬어진 전통의 손맛으로 살린 풍미!

cf) V의 用+抜(ぬ)く：(후항V) 끝까지～하다, 해치우다 (= 最後までする, しとおす, すっかり～する, しきる)

⇨ ほとほと困(こま)り抜く。〔泉〕
몹시 곤경에 빠지다. 몹시 곤란을 겪다.

⇨ 'やりぬく'とは、すべてのことに集中し、あらん限(かぎ)りの力を出して、最後までがんばりぬく意志(いし)の強さ、厳(きび)しさをさします。〔yp, 教育目標〕
'끝까지 해내다'는 말은, 모든 일에 집중하며 있는 힘을 다해 마지막까지 다하는 의지의 강함과 엄격함을 가리킨다.

17. 見極(みきわ)める：최후까지 지켜보다, 진위를 판별하다, 확인하다 [= 最後(さいご)まで見届(みとど)ける, 真偽(しんぎ)を見定(みさだ)める, しっかりと本質(ほんしつ)を見て判断(はんだん)する, watch

it to the end, make sure of]

⇨ 人の話をうのみにせず、自分(じぶん)の目でしっかりと真実(しんじつ)を見極めるようにしたいものだ。〔例文〕
남의 말을 그대로 믿지 말고 자기 스스로 분명히 진실을 지켜보고 싶다.

⇨ 企業の魅力(みりょく)を見極めるには、将来性、安定性、収益性、生産性などがあげられる。〔yp, 転職サイト〕
기업의 매력을 판별하기 위해서는 장래성, 안정성, 수익성, 생산성 등을 들 수 있다.

⇨ 真相(しんそう)を見極めてから結論を出す。〔泉〕
진상을 확인하고 나서 결론을 내다.

18. やたらに : 지나치게, 과도하게, 무차별적으로, 닥치는 대로, 멋대로 [= 過度(かど)に, 無差(むさべつ)に, 手当(てあた)り次第(しだい)に, excessively, indiscriminately, at random]

⇨ やたらに冷たい水を飲むとおなかをこわしますよ。〔プ英〕
Drinking too much cold water will affect your stomach.
지나치게 찬 물을 마시면 배탈 나요.

⇨ 犯人(はんにん)はやたらに発砲(はっぽう)した。
The criminal fired his gun blindly [at random].
범인은 무차별적으로 발포했다.

⇨ やたらに感嘆詞(かんたんし)を使う人だ。［プ英］

His speech is full of exclamations.

멋대로 감탄사를 사용한다.

⇨ やたらに金を借(か)りて回(まわ)った。

He borrowed money here, there and everywhere.

닥치는 대로 돈을 빌려 아무대고 써버린다.

⇨ 生兵法(なまびょうほう)はけがのもと、習いたての剣道(けんどう)の竹刀(しない)をやたらに振(ふ)り回(まわ)したりするんじゃないよ。

선무당이 사람 죽인다, 막 배운 검도의 죽도를 멋대로 휘두르고 돌아다니는 게 아냐.

⇨ 発表会(はっぴょうかい)で、出(で)を待つわたしは緊張(きんちょう)して、やたらうろうろ動(うご)き回(まわ)っていた。［例文］

발표회에서 나갈 차례를 기다리던 나는, 긴장한 나머지 몹시 허둥거리며 돌아다니고 있었다.

19. 滑稽(こっけい)だ : 우스꽝스럽다, 익살스럽다, 바보스럽다 [= 戯(おど)けていておかしいさま, ばかばかしいさま, funny, comical, humorous]

⇨ 道化師(どうけし)のこっけいなしぐさ。［ニュ和英］

a clown's comical antics.

어릿광대의 익살스러운 동작.

⇨ 君はその帽子をかぶるとこっけいに見える。

You look funny [ridiculous] in that hat.

너는 그 모자를 쓰면 우습게 보여.

⇨ あの人はしょっちゅう滑稽なことを言っている。

He is always [perpetually] joking.

그 사람은 늘 농담만 해.

⇨ あの人を社長にするなんて、そんな滑稽な。〔プ英〕

Make him president? What nonsense!

저 사람을 사장으로 하다니 그런 농담을.

⇨ 今日の宴会(えんかい)でいちばんこっけいだったのは、山下君のハンドマイムだね。〔例文〕

오늘 연회에서 제일 웃겼던 건 야마시타 군의 핸드마임이었지.

⇨ 年(とし)がいもなく、こんな小娘(こむすめ)に翻弄(ほんろう)されている自分(じぶん)がこっけいだった。〔例文〕

나이 값도 못하고 어린 소녀에게 놀림당한 자신이 바보스러웠다.

20. 疑点(ぎてん) : 의문점 [= 疑問に思う点, a doubtful point]

⇨ 疑点を問(と)いただす。

의문점을 밝히다.

⇨ そして、奏法上(そうほうじょう)疑点の多いものに対しては、できるかぎりその解明につとめた。〔머리V, 본문〕
그리고 연주법상 의문점이 많은 것에 대해서는 가능한 한 해명에 힘썼다.

21. 技巧(ぎこう) : 숙련에 의한 솜씨, 기교, 기법 [= 熟練(じゅくれん)による腕前(うでまえ), 技法(ぎほう), 職人(しょくにん)の技能(ぎのう), art, skill, technique, craftsmanship]

⇨ あの俳優(はいゆう)の演技(えんぎ)はあまりに技巧的だ。〔プ英〕
His acting is too artificial [studied].
그 배우의 연기는 너무나 숙련되어 있었다.

⇨ ボクサーとしての彼の強みは筋力(きんりょく)よりも技巧だ。〔ニュ和英〕
His strength as a boxer is technique rather than muscle.
복서로서의 그의 강점은 근력보다도 기교이다.

⇨ その詩は大変技巧が凝(こ)っている。〔プ英〕
The poem is technically elaborate.
그 시는 대단한 기법이 들어가 있다.

⇨ この和歌(わか)には、さまざまな表面上(ひょうめんじょう)の技巧がこらされています。〔例文〕

이 와카 시에는 여러 가지 표면상의 기교가 쓰며 들어 있습니다.

⇨ 技巧派(は)。a stylist. 기교파

⇨ 技巧家(か)。a technician. 기교가

22. 密度(みつど) : 밀도, 내용의 충실도 [粗密(そみつ)の度合(どあ)い, 内容の充実(じゅうじつ)の度合い, density]

⇨ 人口密度。the density of population.
인구 밀도

⇨ この国は人口の密度が高い[低い]。
This country is densely [sparsely] populated.
이 나라는 인구 밀도가 높다(낮다).

⇨ この物質は密度が高い。
This substance is of high density.
이 물질은 밀도가 높다.

⇨ 密度の高い議論(ぎろん)。
a debate full of substance.
내용의 충실도가 높은 토론.

⇨ この作家(さっか)の作品(さくひん)は、内容的(ないようてき)にいって密度の濃(こ)いものが多い。[例文]
이 작가의 작품은 내용으로 말하자면 충실한 것이 많다.

23. 目安(めやす) : 기준, 예상, 짐작, 목표 [= 基準(きじゅん), 見当(けんとう), 目標(もくひょう), めど, a (rough) standard, a rough idea, the goal, the aim]

⇨ これはあくまでも目安であって決して絶対的なものではない。〔머리V, 본문〕

이것은 어디까지나 표준이며 결코 절대적인 것은 아니다.

⇨ 川の堤防(ていぼう)は、これまでの最大(さいだい)の流水量(りゅうすいりょう)を目安にして造(つく)られました。〔例文〕

강의 제방은 이제까지의 최대 유수량을 기준으로 만들어졌습니다.

⇨ だれが勝つかだいたい目安はつくよ。〔ニュ和英〕

I have a rough [話 a pretty good] idea as to who will win.

누가 이길지 대체로 짐작이 간다.

⇨ 月曜日を一応の目安(= 仮の締切日)にこれを仕上(しあ)げます。〔ニュ和英〕

The tentative deadline for finishing this work is Monday.

월요일을 일단 목표로 하여 이것을 완성하겠습니다.

⇨ 目安を立てる。

fix one's aim／set one's standard.

목표(기준)를 세우다.

24. 厄介(やっかい)だ : 성가시다, 귀찮다, 의존하다, 신세지다 [= 面倒(めんどう)だ, 依存(いそん)する, 世話(せわ)になる, troublesome, depend on]

⇨ 子供5人の世話をするのは本当に厄介だ。〔ニュ和英〕
It is quite a burden to take care of five children.
어린아이 다섯 명을 돌보는 것은 정말 성가신 일이다.

⇨ たびたび睡眠薬(すいみんやく)のご厄介になる。〔ニュ和英〕
I often have to rely on sleeping pills.
자주 수면제에 의존하게 된다.

⇨ 京都に滞在中(たいざいちゅう)は大変ご厄介になりました。〔ニュ和英〕
Thank you very much for the kindness you showed me during my stay in Kyoto.
교토에 체재 중에는 너무나 신세졌어요.

⇨ 彼は何(なに)かというと問題を起こす厄介者(やっかいもの)だ。〔ニュ和英〕
He is a perpetual troublemaker.
그는 툭하면 문제를 일으키는 애물단지야.

25. 恵(めぐ)む : 은혜를 베풀다, 동정하다, 불쌍히 여겨 베풀다 [= 恩恵(おんけい)を与える, 情(なさ)けをかける, 哀(あわ)れんで施(ほどこ)す, have mercy on, do a person a kindness]

⇨ よい友だちに恵まれてわたしは幸(しあわ)せです。〔用例〕

좋은 친구들이 있어서 나는 행복합니다.

⇨ 子供のいない夫婦は、財産(ざいさん)を他人に譲渡(じょうと)するより、恵まれない人々のために寄付(きふ)しようと考えた。〔例文〕

자식이 없는 부부는, 재산을 남에게 양도하기보다 혜택 받지 못한 사람들을 위해 기부하려 했다.

⇨ あふれるばかりの才能(さいのう)に恵まれながら、世(よ)に出る前に亡(な)くなった彼は、実(じつ)に惜(お)しむべき人物(じんぶつ)だった。〔例文〕

넘치는 재능을 타고 났으면서 세상에 알려지기 전에 죽은 그는, 실로 안타까운 인물이었다.

⇨ 今年は天候(てんこう)にも恵まれ、農家(のうか)は豊(ゆた)かな収穫(しゅうかく)があげられそうだ。〔例文〕

올해는 날씨가 좋아 농가는 풍요로운 수확을 거두어들 수 있을 것 같다.

⇨ どうか次の食事のために少しお金を恵んで(= さいて)ください。〔ニュ和英〕

Please spare some money for my next meal.

다음 식사를 위하여 조금 돈을 아껴주세요.

⇨ 食べ物を恵んでください。〔プ英〕

Please give me something to eat.

먹을 걸 주십시오. (불쌍하게 여겨)

26. 動(うご)かす : 움직이게 하다, 움직이다, 흔들다, 운용하다 (= 物を移動させる, 位置を変える, ゆらす, 運動させる, そうさする, 心を動かす, 経営する, move, shake, exercise, work, operate, sway, manage)

⇨ その岩は大きくてだれも動かすことができなかった。

The rock was so big that no one could move it.

그 바위는 커서 누구도 움직일 수 없었다.

⇨ 爆発(ばくはつ)が民家(みんか)を揺(ゆ)り動かした。

The explosion shook the houses.

폭발이 민가를 흔들어댔다.

⇨ もっと体を動かさないと太(ふと)りますよ。

If you don't take more exercise, you'll get fat.

운동을 더 하지 않으면 뚱뚱해져요.

⇨ 水が水車(みずぐるま)を動かす。

Water drives [runs] the waterwheel.

물이 물레방아를 움직이다.

⇨ 彼は彼女の言葉に大変(たいへん)心を動かされた。

He was very [deeply] moved by her words.

그는 그녀의 말에 감동받았다.

⇨ きみの考えを突(つ)き詰(つ)めていくと、世(よ)の中を動かすのは一握(ひとにぎ)りの優(すぐ)れた人間ということになる。〔例文〕

자네 생각을 끝까지 파고들면, 세상을 움직이는 것은 극소수의 뛰어난 인간이라는 것이다.

⇨ ここでは事実上(じじつじょう)副社長が工場を動かしている。〔プ英〕

Actually, the factory here is run [managed] by the vice-president.

여기에서는 사실상 부사장이 공장을 운용하고 있다.

27. 怠(おこた)る : 게으름을 피우다, 소홀히 하다, 태만하다, 주의하지 않다 [= しなければならぬことをしない, 油断(ゆだん)する, 放(ほう)っておく, be lazy, neglect, be careless]

⇨ 返事(へんじ)を書くのを怠っている。〔プ英〕

I haven't written an answer yet.

답장 쓰는 것을 게을리 하고 있다.

⇨ 警戒(けいかい)を怠るな。

Don't be caught off guard.

경계를 소홀히 하지 마.

⇨ 税金(ぜいきん)の申告(しんこく)を怠ったら、税務署(ぜいむしょ)から呼び出しの通知(つうち)が来た。〔例文〕

세금신고를 태만시 했더니 세무서에서 호출 통지가 왔다.

⇨ ドアの戸締(とじ)まりを怠る。

neglect [forget] to lock the door.

문단속을 주의하지 않는다.

⇨ 注意を怠ると事故(じこ)を起こす。〔プ英〕

If you are not careful, you may cause an accident.

주의하지 않으면 사고 난다.

28. ～にわかり、～にわかり、～にわかる : ～가 알고, ～가 알고, ～가 안다.

⇨ レッスンを一日さぼると自分にわかり、二日さぼるとパートナーと先生にわかり、三日さぼるとお客様にわかる。〔yp, バレリーナの半生記〕

레슨을 하루 게으르면 자기 자신이 알고, 이틀 게으르면 파트너와 선생님이 알고, 사흘 게으르면 객석에서 안다.

⇨ 1日怠れば自分にわかり、2日怠れば専門家にわかり、3日怠れば素人にわかるといわれている。根気(こんき)のいることである。〔머리V, 본문〕

하루를 게을리 하면 자신이 알고, 이틀을 게을리

하면 전문가가 알며, 사흘 게을리 하면 풋내기도 안다는 말도 있다. 끈기가 필요한 것이다.

29. 素人(しろうと) : 아마추어, 비전문가, 무경험자 [専門(せんもん)でない人, 経験(けいけん)の少ないひと, それを職業(しょくぎょう)としていない人, 道楽(どうらく)にやる人, an amateur, a layman, laywoman]

⇨ 彼は素人にしてはゴルフがうまい。〔ニュ和英〕

He is good at golf for an amateur.

그는 아마추어로서는 골프를 잘한다.

⇨ それは素人考えだ。

That's a non-professional idea [way of thinking].

그건 비전문적 사고방식이야.

⇨ あの指揮者(しきしゃ)は素人に受けがよい。〔プ英〕

The conductor is popular with the general public.

저 지휘자는 일반인들에게는 인기가 좋다.

⇨ 素人目にはそのダイヤは本物のように見える。〔プ英〕

The diamond looks real to the untrained eye.

비전문가의 눈에는 그 다이아는 진짜같이 보인다.

⇨ 素人目にも彼の演技(えんぎ)は下手(へた)であることが分かった。〔プ英〕

It didn't take an expert to see that his

acting was poor.

비전문가의 눈에도 그의 연기는 서툴다는 것을 알 수 있었다.

⇨ 電子(でんし)レンジの修理(しゅうり)は素人には無理(むり)ですよ。

전자레인지 수리는 무경험자에게는 무리예요.

⇨ 出版業(しゅっぱんぎょう)ではずぶの素人です。〔ニュ和英〕

I'm just an amateur in the publishing business.

출판업은 전혀 경험이 없어요.

30. いかなる : 어떠한, 어떤 (= どのような, どういう, どんな, any, every)

⇨ いかなる種類(しゅるい)の体罰(たいばつ)にも反対(はんたい)である。〔ニュ和英〕

be against corporal punishment of any kind.

어떠한 종류의 체벌에도 반대이다.

⇨ いかなる代価(だいか)を払っても、この計画は実現(じつげん)させたい。

어떤 대가를 치르더라도 이 계획은 실현시키고 싶다.

⇨ いかなる苦労(くろう)があったのだろう、相貌(そうぼう)がすっかり変わっていた。

어떤 고생이 있었을까 모습이 완전히 변해 있었다.

⇨ だが、絶望的(ぜつぼうてき)に見えるほど困難(こんなん)な地価政策(ちかせいさく)について、いかなる妙策(みょうさく)があり、いかなる成算(せいさん)があるのだろうか。〔天声〕

그러나 절망적으로 보일 정도로 곤란한 지가정책에 대해, 어떠한 묘책이 있고 어떠한 성산이 있는지?

31. 急(いそ)がず休(やす)まず : 서둘지도 쉬지도 말라 [= あせらずに地道(じみち)に努力するさまをいう語, Haste not Rest not]

⇨ 山登(やまのぼ)りの成功(せいこう)の秘訣(ひけつ)を知っているか？ それは『いそがず、休まず』だ。〔yp, 山登り〕

등산의 성공비결을 알고 있는가? 그건 '서둘지도 쉬지도 말라'는 거야.

⇨ 1831年イギリスのゲーテ崇拝者(すうはいしゃ)15人が82歳のゲーテの誕生祝(たんじょういわ)いに印形(いんぎょう)を送ってきた。それに「急がず、休まず」の句が刻(きざ)んであった。〔yp, ゲーテ〕

1831년 영국의 괴테 숭배자 15명이 82세 괴테 탄생 축하로 인장을 보내왔다. '서둘지도 쉬지도 말라'는 어구가 새겨져 있었다.

32. 最良(さいりょう)の : 가장 멋있는, 최고의 [= 最(もっと)もすばらしい, 最高(さいこう)の, the best, the finest, top]

⇨ 人生最良の日。the best day in one's life.
인생 가장 멋있는 날.

⇨ 幼児(ようじ)に最良の絵本(えほん)。〔プ英〕
ideal picture books for small children.
유아에게 최고의 그림책.

⇨ この本は私の最良の友だ。
This book is my best friend.
이 책은 나의 가장 좋은 친구이다.

⇨ わが生涯(しょうがい)最良の日だ。〔プ英〕
This is [has been] the best [happiest] day of my life.
우리 생애 최고의 날이다.

⇨ 最良の方法(ほうほう)だったとはいえないが、とっさの処理(しょり)としては上出来(じょうでき)だ。〔例文〕
가장 좋은 방법이었다고는 할 수 없지만 순간적으로 처리한 것으로는 훌륭한 성과이다.

머리말본문 번역

피아노를 친다는 행위는, 작품의 재현을 통해서 자기의 음악을 창조하는 것이다. 작품이란 결국 악보이다. 악보는 작곡자의 상념을 표현한 부호의 모임 같은 것이며, 그것을 해석하고 그것에 생명의 입김을 불어넣는 것은 연주자이다.

악보라는 것은 낡은 시대의 것일수록 현재의 악보라는 개념에서 보면 불완전하다. 중세부터 르네상스에 걸친 악보는, 전혀 현재의 것으로부터 동떨어져 있다. 바로크시대에도 후기가 되면 겨우 현재의 것에 가까워진다.

구시대의 음악을 연구하고 정확한 판단을 근거로 현대의 악보에 충실히 재현한 것, 또는 대작곡가의 자필 원고를 기초로 일음의 부가도 생략되지 않고 편집된 것을 우리들은 원전판(原典版) URTEXT라고 한다. 그러나 편집자에 의해 다소의 가필이 된 경우도 있다. 대작곡가라 해도 작품에 따라서는 잘못된 표기도 있고, 때로는 전후의 맥락도 생각하지 않고 음을 더하거나 음을 생략하는 경우도 있다. 어쨌든 원전판에 따른 학습, 연주는 현재에는 세계적인 상식이 되고 있다. 조금 오래전까지지는, 예를 들면, 바하 작곡=브조니 편곡의 곡 등이 중요한 연주회의

프로그램을 장식했었지만, 현재는 특수한 것을 제외하고 대부분 자취를 감추고 있다. 그만큼 연주자의 개성이 존중되는 시대이기도 하다.

본서에서는 각별히 바로크시대 및 고전, 낭만파시대의 주요한 작품에는 원전(原典)악보의 편집자명과 출판사를 표시해 학습자의 편의를 제공함과 동시에, 원전의 해석에 필요하다고 생각되는 편곡판도 병기해 두었다.

전후 일본에서의 음악대학은 대량 증설되고, 해마다 방대한 지도자가 배출되고 있다. 각 악기 회사에 의한 피아노 학습을 주최로 한 음악교실이 개설되어 학습자는 급속히 그 수가 증가되었으며, 바야흐로 그 교육 시스템은 해외에까지 수출되고 있는 것도 있다. 특별히 동네거리에 있는 피아노 교실은 여러 가지 문제를 내포하면서도 매우 활기가 넘친다. 또한 일본에서 육성된 상당수의 우수한 피아니스트들은 국외에서도 눈부시게 활약하고 있다. 일본인에 의한 피아노 작품도 해마다 그 수가 늘어나, 그 일부는 이미 국제적으로 높이 평가받고 있다.

음악이란 하루아침에 교사의 명령에 따라서 생겨나는 것은 아니다. 음악을 배운다는 것은 작품에 감동하는 능력을 가지는 것이다. 훌륭한 작품의 배후에는 인생의 깊은 통찰과 아름다운 것에 대한 공감이 있다.

피아노 학습을 등산에 비유해 보면 재미있다. 정상에 오르기 위해서는 여러 가지 길이 있다. 다만 하나의 길에 구애되어서는 안 된다. 성급한 사람은 갑자기 곧바른 길로 오르기를 시도해 본다. 그러나 그것은 스릴은 있지만 위험을 동반한다. 천천히 등산을 하자면 상당한 시간을 필요로 한다. 그렇지만, 도중에 여러 가지 경치를 만끽할 수 있다. 정상이라 해도 높고 낮음은 여러 가지이다. 보다 높은 산에 오르려고 생각하면 그만큼의 체력과 지력(知力), 거기에 무엇보다도 끈기가 필요하다. 고도의 예술작품을 연주하기 위해서는 갈고 닦은 테크닉과 날카로운 음악적 감성이 필요하다.

자기의 수준을 확인하지 않고, 무턱대고 어려운 명곡을 연주하는 것만큼 우스꽝스럽고 비참한 일은 없다. 또 이것은 대단한 시간의 낭비가 되기도 한다. 테크닉은 그 정도가 아니더라도 연주할 수 있는 명곡은 얼마든지 있다. 본서에서는 르네상스 후기부터 현대에 이르기까지의 저명한 작곡가의 건반작품 -고전이후는 피아노 작품- 에는 전부 15단계의 난이도를 첨부해서 학습자의 편의를 제공했다. 그리고 연주법상 의문점이 많은 것에 대해서는 가능한 한 해명에 힘썼다. 그러나 각 작품의 난이도를 재는 것은 그 작품이 요구하는 기교와 예술적인 밀도와 관련지움에 있어서 많은 문제를 가지고 온다. 이것은 어디까지나 표준이며 결코 절대적인 것은 아니다.

책을 쓴다는 것은 힘든 일이다. 그러나 쓰인 책을 읽는다는 것 역시 대단한 노력을 필요로 한다. 그렇지만, 귀

참게도 피아노를 친다는 것에 대해서는 이러한 종류의 책은 직접적으로 아무런 도움이 되지 않는다. 연습은 매일 해야 한다. 아무리 음악적인 소질로 타고났다고 해도 "손가락을 움직이는 노력"을 잊어서는 아무것도 될 수 없다. 하루를 게으르면 자신이 알고, 이틀을 게으르면 전문가가 알며, 사흘 게으르면 풋내기도 안다는 말도 있다. 끈기가 필요한 것이다. 그 대신 한곡이라도 명작을 완전히 마스터하면, 돈으로도 살 수 없으며 어떠한 재난에도 잃어버리지 않는 귀중한 보물을 갖게 되는 것이다. 괴테의 말에 "서두르지도 말고 쉬지도 마라"라는 말은 피아노 학습자에게는 가장 좋은 격언이다.

1972년 7월　나가오카 토시오

제5장

現代舞踊学双書-4- ダンス学習法

-序文, 編者のことば-

見事な桜の花の下でフォークダンス。

《제5장》

출전

松本千代栄(まつもとちよえ)外訳、『現代舞踊学双書-4- ダンス学習法』、1977年 9月 3版(1974年 3月 初版)、大修館書店 -- 序文 -- 編者のことば
(原題 : Dance in Elementary Education "A program For Boys and Girls" SECOND EDITION By RUTH LOVELL MURRAY HARPER & ROW, PUBLISHERS, New York, Evanston, and London Copyright © 1963 by Ruth Lovell Murray)

머리말 본문

序文

ルース·マレイの名は、教員養成や舞踊教育の

分野に携わる[1]人々に良く知られている。このたびの「ダンス学習法」の改訂版には、全国の教師がより充実したダンス学習を展開するために役立てることのできる教材が数多く盛り込まれている。[2]児童、小学校教師、大学教師、そして舞踊家のために、著者の多年の経験をいかした[3]ダンス指導の実際的な、そして独創的な、新鮮な内容が多くの章に明らかに示されている。

デトロイト・パブリック・スクールの教師たちが、マレイ女史によって巧みな[4]指導力を与えられることは幸せである。彼女はウエイン州立大学体育学部女子部の部長として、長い間専門的な研究をしてきた。それによって、1954年にウエイン州立大学ダンス校友会の結成というすばらしい成果があらわれた。この会は、優秀なダンス専攻志願者に毎年ルース・マレイ奨学金をだしている。

この改訂版には、現代教育の目標や原理に適った[5]新しい項が加えられた。その他の部門もまた再編成や修正が行われている。この本はきわめて貴重なダンスの指導書である。とくに重要な部分は、第Ⅱ部の「ダンス・ムーブメントの体験」と第Ⅴ部の「ダンスの創作」である。さらに、この本の価値を高めているのは、ダンス指導の独創的な方法を展開し、その方法の展開に用いられる歌、詩、音楽、ダンスなどを、低学年と高学年に分け、豊富な参考資料をそなえていることである。[6]

運動している子供たちの生き生きとした[7]魅力的な写真は、芸術的満足を読者に与え、その理解を大いに深めることであろう。

この本に書かれている多くの方法論や、全体を貫いている[8]考え方は、ダンスの指導に独創的な方法を使うことに不安を感じている人々に、第一歩を踏みだす[9]力と自信を与えるにちがいない。またこの論理的な思考の展開は、子供たちに豊かなダンス体験をさせるために必要な知識を与えてくれる。この知識を吸収したひとりひとりの教師が、創造性、独創性、創意性を大いに発揮することによって生き生きとしたダンス指導法が生みだされることであろう。[10)]

一日一日、教師は自分が教えた以上のことを学んでいく。そしてまた、一日一日教師は、"他の人を燃えたたせる[11)]者は自分自身を成長させる"という指導者の真の姿に、[12)]より一層近づいていくことであろう。

デトロイト・パブリック・スクール
保健体育指導主事　デリア・P・ハッセイ

編者のことば

なぜ、人間は踊るのか。

もし、この問に答えようとするなら、人は世界の各地に、幾十年幾百年となく[13)]踊りつづけられてきた、舞踊の意義と価値に、あらためて思いいたらざるを得ないであろう。[14)]

更に、人間不在の叫ばれる今日、[15)]人間の失ってはならないものは何か、を考えるとき、人間の生命の燃焼ともみるべき行動文化 ― 舞踊 ― は、新しくその現代的意義を発見されなければならないと思われる。

本双書は、その意味で、舞踊の本質を再認し、原理的追究をめざす一方、発達と教育を考え、その方法を体系化するために必要な資料を提示することを企図して選書を行った。

「舞踊学原論」を舞踊の哲理とし、[16)]その教育への展開として「ダンス学習法」と「ダンスの創作過程」を、アメリカの著書の中から選んだ。また、「モダンダンスのシステム」はイギリスの舞踊理論とその体系の具体化を示したもので、これによりラバンに導かれたイギリスの“動きの芸術”観をみることができると考えた。更に、「フォークダンス」は、論の少ないこの分野に、民俗学的所見を展開する貴重なものとして、ここからすべての舞踊の中に流れる、その根源的性格をみようと考え、選出した。これらの双書が、原著者の意をよく伝え、全5巻の限界を越えて、舞踊の価値を再認させ、より多くの人々に舞踊を愛する契機をもたらすものとなるなら、真実の舞踊とは何か — nonverbal communicationの機制を[17]求めてこの歳月を生きてきた選者のもっともよろこびとするところであろう。

1974年 3月　　松本 千代栄

한자의 読み方

舞踊学(ぶようがく) : 무용학
双書(そうしょ) : 시리즈로 나오는 책
養成(ようせい) : 양성
携(たずさ)わる : 관계하다
改訂版(かいていばん) : 개정판
展開(てんかい)する : 전개하다
役立(やくだ)てる : 유용하게 쓰다
数多(かずおお)く : 수많이
盛(も)り込(こ)む : 어떤 생각을 내용에 포함시키다
児童(じどう) : 아동
多年(たねん) : 다년
実際的(じっさいてき)だ : 실제적이다
独創的(どくそうてき)だ : 독창적이다
新鮮(しんせん)だ : 신선하다
女史(じょし) : 여사
巧(たく)みだ : 교묘하다
幸(しあわ)せ : 운, 행복
州立(しゅうりつ) : 주립
校友会(きょうゆうかい) : 교우회
結成(けっせい) : 결성
成果(せいか) : 성과
優秀(ゆうしゅう) : 우수
専攻(せんこう) : 전공
志願者(しがんしゃ) : 지원자
奨学金(しょうがくきん) : 장학금
原理(げんり) : 원리
適(かな)う : 적당하다
項(こう) : 항
再編成(さいへんせい) : 재편성
修正(しゅうせい) : 수정
体験(たいけん) : 체험
創作(そうさく) : 창작
価値(かち) : 가치
低学年(ていがくねん) : 저학년
高学年(こうがくねん) : 고학년
豊富(ほうふ) : 풍부
魅力的(みりょくてき) : 매력적
満足(まんぞく) : 만족
理解(りかい) : 이해
深(ふか)める : 깊게 하다
貫(つらぬ)く : 일관하다
踏(ふ)む : 밟다, 점령하다
論理的(ろんりてき) : 논리적
思考(しこう) : 사고
吸収(きゅうしゅう)する : 흡수하다
創意性(そういせい) : 창의성
発揮(はっき)する : 발휘하다
燃(も)え立(た)つ : 활활 타다, (감정 등이) 치밀다
一層(いっそう) : 한층
踊(おど)る : 춤추다
各地(かくち) : 각지
不在(ふざい) : 부재

燃焼(ねんしょう) : 연소
本質(ほんしつ) : 본질
本双書(ほんそうしょ) : 본시리즈 (연속 간행되는 같은 종류의 도서)
再認(さいにん)する : 재인식하다
追究(ついきゅう) : 추구
体系化(たいけいか)する : 체계화하다
提示(ていし)する : 제시하다
企図(きと) : 기도 (일을 꾸며내려고 꾀함)
選書(せんしょ) : 선서
具体化(ぐたいか) : 구체화
芸術(げいじゅつ) : 예술
民俗学(みんぞくがく) : 민속학
所見(しょけん) : 소견
根源的(こんげんてき) : 근원적
選出(せんしゅつ) : 선출
限界(げんかい) : 한계
越(こ)える : 넘어가다, 건너다
再認(さいにん)する : 재인식하다
契機(けいき) : 계기
真実(しんじつ) : 진실
歳月(さいげつ) : 세월
機制(きせい) : 구조, 기구, 메커니즘
選者(せんじゃ) : 선택하는 사람, 채록자

주해

1. 携(たずさ)わる : 관계하다, 관여하다, 종사하다 (= 関係する, 従事する, participate in, be concerned with, be engaged in)

⇨ その辞書(じしょ)の仕事に携わっている。〔ニュ和英〕

그 사전 작업에 관계하고 있다.

⇨ 彼は広告業(こうこくぎょう)に携わっている。

그는 광고업에 종사하고 있다.

⇨ ぼくは車が好きなので、大人になったら自動車関係の仕事に携わりたい。〔例文〕

나는 차를 좋아해서 어른이 되면 자동차 관계의 일에 종사하고 싶다.

2. 盛(も)り込(こ)む : (他) 한데 담다, 포함시키다 [= 取り入れて同化(どうか)する, 組(く)み入れる, 含(ふく)む, incorporate, include]

⇨ みんなの考えをその計画に盛り込む。〔ニュ和英〕

incorporate everyone's ideas in [into] the plan.

모든 생각을 그 계획에 담다.

⇨ 秋の季節感(きせつかん)を盛り込んだ料理。〔プ英〕

a dish with the flavor of autumn.

가을 계절감을 담은 요리.

⇨ 子供たちの作った工作(こうさく)には、子供らしいおもしろいアイデアが盛り込まれていた。〔例文〕

어린이들이 만든 공작에는 어린이다운 재미나는 아이디어가 포함되어 있다.

⇨ この辞書(じしょ)一冊に、約八万もの項目(こうもく)が盛り込まれている。〔例文〕

이 사전 한 권에 약 8만개나 되는 항목이 포함되어 있다.

3. いかす(生かす·活かす) : 살리다, 소생시키다, 살려주다, 활용하다, 이용하다, 효과적으로 활용하다 [= 生きたままにしておく, 許していかす, 活用する, 利用する, 効果的(こうかてき)に活用する, keep～alive, let～live, make use of, utilize]

⇨ 料理は、材料の味をいかすことが大切だ。〔用例〕

요리는 재료의 맛을 살리는 것이 중요하다.

⇨ しばらくの間この魚を生かしておいてください。〔ニュ和英〕

Please keep this fish alive for a while.

잠시만이라도 이 물고기를 살려 두세요.

⇨ 奴隷(どれい)は生かすも殺(ころ)すも主人の自由(じゆう)であった。〔プ英〕

Slaves' lives were at the mercy of their owners.

노예가 죽고 사는 것은 주인 마음대로이다.

⇨ 失敗の経験をいかせば、きっと成功する。〔用例〕

실패의 경험을 살리면 반드시 성공한다.

⇨ 核(かく)エネルギーを平和目的に生かして使う。〔ニュ和英〕

utilize nuclear energy for peaceful purposes.

핵에너지를 평화목적에 효과적으로 활용하다.

4. 巧(たく)みだ : 능숙하다, 교묘하다 [= 上手だ, 巧妙(こうみょう)だ, be good, be skillful, be clever]

⇨ 巧みな作品。a good [a skillful] production.

훌륭한 작품.

⇨ 巧みな運転。skillful driving.

능숙한 운전.

⇨ 巧みに細工(さいく)した指輪。

아주 잘 세공한 반지.

⇨ あの人はきわめて巧みに箸(はし)を扱う。〔ニュ和英〕

He uses chopsticks very skillfully.

저 사람은 아주 능수능란하게 젓가락질을 한다.

⇨ 巧みな言い訳(わけ)をする。make a clever excuse.

교묘한 변명을 한다.

cf) 巧(たく)む : 꾸미다, 기교를 부리다, 획책하다, 음모를 꾸미다 [= 工夫(くふう)する, 技巧(ぎこう)をこらす, 計略(けいりゃく)をめぐらす, たくら

む, 工作(こうさく)する, とりつける, plot, scheme. * 명사형 巧(たく)み : 계략]

⇨ 彼は巧まざるユーモアを備(そな)えている。
그는 자연스러운 [기교를 부리지 않는] 유머 감각을 지니고 있다.

⇨ 世の中には自分の利(り)のために人をだまそうとするような悪事(あくじ)を巧む人間もいる。〔例文〕
세상에는 자신의 이익을 위해서 사람을 속이려고 나쁜 일을 꾸미는 인간도 있다.

⇨ 私は相手(あいて)の巧みを見抜(みぬ)いて、だまされたふりをしていたのだった。〔例文〕
나는 상대의 계략을 간파하고 속는 척 하고 있었다.

5. 適(かな)う : 조건이나 기준에 잘 맞다, 이루어지다, 뜻대로 되다, 그렇게 할 수 있다, 필적하다 [= 適(てき)する, 要求(ようきゅう)などを満(み)たす, suit, meet]

⇨ その車は君の目的にぴったりかなうだろう。
The car will suit [serve] your purpose nicely.
그 차는 자네의 목적에 딱 맞을 거야.

⇨ 彼は私の理想(りそう)にかなった男性だ。〔ニュ和英〕
He is [represents, measures up to] my ideal.

그는 나의 이상에 맞는 남성이야.

⇨ 結婚式に普段着(ふだんぎ)を着ていくのは、礼儀(れいぎ)に適っていない。〔用例〕

결혼식에 평상복을 입고 가는 것은 예의에 맞지 않다.

⇨ わたくしにかなう事ならお引(ひ)き受(う)けしますが。

제가 할 수 있는 일이라면 맡겠습니다만.

⇨ 勉強も運動もかれには適わない。

공부도 운동도 그에게는 당할 수 없다.

6. 備(そな)える : 준비하다, 대비하다, 갖추다, 비치하다, (재능이나 성질 등을) 지니다 [= 準備する, そろえておく, 悪いことがおきてもこまらないように前から用意しておく, いつでも使えるようにそこのものとして用意しておく, prepare for, provide for, furnish]

⇨ 地震(じしん)に備える。

provide [prepare] against an earthquake.

지진에 대비하다.

⇨ コンテストに備えて毎晩スピーチの練習をしている。〔プ英〕

I've been practicing my speech every night to get ready for the contest.

콘테스트에 대비해 매일 저녁 스피치의 연습을 하고 있다.

⇨ 敵軍(てきぐん)は強大(きょうだい)な武器(ぶき)を備えて

いた。〔プ英〕

The enemy was heavily armed.

적군은 강력한 무기를 갖추고 있었다.

⇨ このホテルは各室(かくしつ)に冷蔵庫が備えてある。

Each room in this hotel is provided [equipped] with a refrigerator.

이 호텔은 각 실에 냉장고가 비치되어 있다.

⇨ 彼は日本人の長所(ちょうしょ)と短所(たんしょ)を遺憾(いかん)なく備えている。〔プ英〕

He possesses both the typical strengths and weaknesses of the Japanese.

그는 일본인의 장점과 단점을 유감없이 지니고 있다.

7. 生(い)き生(い)きと : 생생한 모양, 생기가 넘치는 모양 [= 元気(げんき)な, 活発(かっぱつ)な, 新鮮(しんせん)な, 鮮(あざ)やかな, lively, animated, fresh, vivid]

⇨ 彼女は生き生きとした表情をしている。

She looks lively [full of life].

그녀는 생기 있는 표정을 하고 있다.

⇨ 雨でアジサイの葉が生き生きしている。〔プ英〕

The leaves of a hydrangea look fresh in the rain.

비가 와서 수국나무 잎이 선명한 모습이다.

⇨ その本の人物描写(びょうしゃ)は生き生きとして真(しん)に迫(せま)っている

The book's characterizations are vivid and true to nature.

그 책의 인물묘사는 생생하여 본 모습 그대로이다.

⇨ この町が生き生きしてくる(= 活気づく)のは暗くなってからです。〔ニュ和英〕

It is after dark when this town comes alive.

이 거리가 활기 찬 모습은 어둠이 깔리고 나서이다.

⇨ 冗漫(じょうまん)な文章(ぶんしょう)をさけ、簡潔(かんけつ)で、生き生きとした表現(ひょうじょう)を心がけよう。〔例文〕

장황한 문장을 피하고 간결하고 생동감이 있는 표현을 쓰도록 명심하자.

⇨ 以前より仕事の能率(のうりつ)があがりますし、毎日の生活が生き生きとしてきます。〔토픽, 運動の真価〕

이전보다 일의 능률이 오르며 매일 생활이 생동감이 넘칩니다.

8. 貫(つらぬ)く : 꿰뚫다, 관통하다, 관철하다 [= 突(つ)き通(とお)す, 貫通(かんつう)する, 貫徹(かんてつ)する, やりぬく, penetrate, go through]

⇨ 弾丸(だんがん)は彼の右腕(みぎうで)を貫いた。〔プ英〕

The bullet went through his right arm.

탄환이 그의 오른팔을 꿰뚫었다.

⇨ その川は町の中央(ちゅうおう)を<u>貫い</u>て流れている。〔例文〕
그 강은 마을의 중앙을 관통해서 흐르고 있다.

⇨ 鋭(するど)い口笛(くちぶえ)が闇(やみ)を<u>貫い</u>た。〔プ英〕
A shrill whistle pierced [penetrated] the darkness.
날카로운 휘파람이 어둠을 꿰뚫었다.

⇨ 初志(しょし)を<u>貫く</u>。〔プ英〕
carry out one's original intention.
초지일관하다.

⇨ 父が事業に成功したのは、最後まで正義(せいぎ)を<u>貫い</u>たからである。〔例文〕
아버지가 사업을 성공한 것은 끝까지 정의를 관철했기 때문이다.

9. 踏(ふ)み出(だ)す : 걸음을 내딛다, 시작하다, 착수하다, 진출하다 [= 前に出(で)る, 踏み越(こ)す, 乗り出(だ)す, step forth, step over]

⇨ 新しい生活に第一歩(だいいっぽ)を<u>踏み出し</u>た君たちの胸は、希望(きぼう)や期待に膨(ふく)らんでいることだろう。〔例文〕
새 생활에 첫발을 내디딘 여러분의 가슴은 희망과 기대로 가득 차 있을 것이다.

⇨ 新しい人生に<u>踏み出す</u>。〔プ英〕
embark [set forth] on a new life.

새로운 인생을 시작하다.

⇨ 問題の解決に踏み出す。

take steps toward solving a problem.

문제해결에 착수하다.

⇨ 生まれた土地(とち)から外にふみだしたのは、学校で鎌倉へ遠足(えんそく)に行った時だけである。〔例文〕

태어난 곳에서 바깥 땅으로 나가본 것은 학교에서 가마쿠라로 소풍갔을 때 뿐이다.

⇨ 海外(かいがい)に踏み出すためにまずはここでお世話になりました。〔yp, 海外ビジネス〕

해외로 진출하기 위하여 제일 먼저 여기에 신세졌습니다.

⇨ 国内にいると分からないが、一歩海外に足を踏み出すと日本がいかに特殊な国であるかを知ることができる。〔yp, 環境〕

국내에 있으면 모르지만 한걸음 해외로 나가면 일본이 얼마나 특수한 나라인지 알 수 있다.

10. 生(う)み出(だ)す : 낳다, 분만하다, 새로운 것을 만들어내다, 창출하다 [= 産(う)み出(だ)す, 新しく作り出す, have a baby, give birth to, produce, bring about, give rise to, invent]

⇨ 豚は年に何回(なんかい)子(こ)を生み出すのか。

돼지는 일 년에 몇 번 새끼를 낳는가?

⇨ 韓国人の勤勉(きんべん)さが今日の経済的発展を生み出した。

The diligence of the Korean has brought about the country's present level of economic development.

한국인의 근면함이 경제적 발전을 이루었다.

⇨ この工場からは、毎日、大量(たいりょう)のインスタント食品(しょくひん)が生み出されて行く。〔用例〕

이 공장에서는 매일 대량의 인스턴트 식품을 만들어내고 있다.

⇨ 彼は新しい制度(せいど)を生み出した。〔プ英〕

He invented [devised] a new system.

그는 새로운 제도를 창출했다.

⇨ 彼は次々(つぎつぎ)に新しいアイデアを生み出し、事業(じぎょう)を広(ひろ)げていった。〔用例〕

그는 계속해서 새로운 아이디어를 고안하면서 사업을 넓혀갔다.

11. 燃(も)え立(た)つ : 활활 타오르다, (감정 등이) 격동하다 [= 盛(さか)んに燃える, 感情が激しくわき起こる]

⇨ 激(はげ)しい闘志(とうし)に燃え立つ。〔プ英〕

burn with intense fighting spirit.

격렬한 투지로 불타오르다.

⇨ 一日一日教師は､“他の人を<u>燃えたた</u>せる者は自分自身を成長させる”という指導者の真の姿に､より一層近づいていくことであろう。〔머리V, 본문〕

하루하루 교사는 “다른 사람에게 열정을 갖게 해주는 사람은 자기 자신을 성장하게 한다” 는 지도자의 참모습에 한층 더 가까이 갈 수 있을 것이다.

cf) 燃(も)える : 불타다, 피어오르다, (감정 등이) 솟다, 달아오르다 [= 炎(ほのお)が上がる, 燃えるように見える, 感情が高まる, burn, blaze]

⇨ <u>燃える</u>ような夕焼(ゆうや)け。〔ニュ和英〕

a fiery [a flaming] sunset.

타오르는 듯한 저녁노을.

⇨ 私たちはキャンプファイヤーが<u>燃え</u>ているのを見た。

We saw a campfire blazing.

우리는 캠프파이어가 불타고 있는 것을 봤다.

⇨ <u>燃える</u>[燃えない]ゴミ。

burnable [noncombustible] garbage.

타는(타지 않는) 쓰레기.

⇨ 彼は名声欲(めいせいよく)に<u>燃え</u>ていた。〔ニュ和英〕

He was burning for fame [to win fame].

그는 명예욕에 불타 있었다.

⇨ この学校に赴任(ふにん)してきた当時(とうじ)は、私もまだ若く、理想(りそう)に燃えていた。〔用例〕

이 학교에 부임해 온 당시에는 나도 아직 젊었고 이상에 불타 있었다.

cf) ~立(た)つ : (後項v) 상태가 왕성함, 동작이 빠름, 힘 있게 보임 [= その状態(じょうたい)が盛んである, その動作(どうさ)がにわかである, その動作が勢(いきお)いよく行われる]

⇨ 湯(ゆ)が煮(に)えたつ。

뜨거운 물이 펄펄 끓어오르다.

⇨ 思いたったが吉日(きちじつ)。〔諺〕

He who hesitates is lost/Strike while the iron is hot.

마음먹은 날이 바로 좋은 날이다/쇠는 달구어졌을 때 때려라.

⇨ わきたつ (끓어오르다), いきりたつ (격분하다)

12. 真(しん)の : 진정한, 진실한, 참다운 [= 本当(ほんとう)の, 本物(ほんもの)の, true, real, genuine]

⇨ 真の友。a true [a real] friend.

진정한 친구.

⇨ 不要(ふよう)な戦(たたか)いを避(さ)けることこそ、真の勇気(ゆうき)ではないか。〔用例〕

불필요한 싸움을 피하는 것이야 말로 진정한 용기가 아닌가?

⇨ 真の[= 正真正銘(しょうしんしょうめい)の]ダイヤ。〔ニュ和英〕

a genuine diamond.

진짜 다이아몬드.

⇨ 経験を積(つ)めば、物事(ものごと)の真の姿(すがた)が見えてくるでしょう。〔用例〕

경험을 쌓으면 사물의 참모습이 보일 것이다.

13. 幾十年幾百年(いくじゅうねん-いくひゃくねん)となく：

수십 수백 년이나

⇨ もし、この問に答えようとするなら、人は世界の各地に、幾十年幾百年となく踊りつづけられてきた、舞踊の意義と価値に、あらためて思いいたらざるを得ないであろう。

〔머리V, 본문〕

만약 이 물음에 대답하려고 한다면, 사람은 세계 각지에서 수십 수백 년이나 계속 춤을 추어온, 무용의 의의와 가치에 새삼 생각이 미치지 않을 수 없을 것이다.

cf) 幾(いく)～ ：(접두) 몇～, 수～ [= 何(なん)～, 数量

(すうりょう)の不明(ふめい)·不定(ふてい)の意, 数量の多い意や年月(ねんげつ)の長い意, some, how many, many, a lot of]

⇨ 幾人(いくにん)かの人。some people.
멸 명의 사람.

⇨ 幾度(いくたび)の機会。
멸 번의 기회.

⇨ この問題の見方(みかた)には幾通(いくとお)りかある。〔ニュ和英〕
There are several ways to look at this problem.
이 문제에 대한 견해는 몇 가진가 있다.

⇨ 幾百年(いくひゃくねん)となく。
수 백년이나.

⇨ 敵(てき)は幾千万(いくせんまん)あろうとも。
적은 몇 천만명 있을지라도.

⇨ 幾万(いくまん)ものアリ。
tens of thousands of ants.
수만 마리의 개미.

⇨ 前橋への行き方は何通(なんとお)りかあります。〔プ英〕
There are several routes [ways] to Maebashi.
마에바시로 가는 길은 몇 가지의 길이 있어요.

⇨ この詩は何通(なんとお)りにも解釈(かいしゃく)できる。〔プ英〕

This poem can be interpreted in various ways.

이 시는 몇 가지 방법으로 해석할 수 있다.

14. 思(おも)い至(いた)る : 생각이 미치다 [= 思い及(およ)ぶ, 考えがそこにたどりつく, realize]

⇨ 事態の重大(じゅうだい)さに思い至る。〔プ英〕

realize the seriousness of the mat.

사태의 중대함에 생각이 미치다.

⇨ 私は自分のことに夢中(むちゅう)で、周囲(しゅうい)の人の気持にまで思い至らなかった。〔例文〕

나는 내 일에 몰두해서 주위 사람의 기분까지는 생각하지 못했다.

⇨ 何ヵ月も考え続けて、やっと問題の本質(ほんしつ)に思い至った。〔例文〕

몇 개월이나 생각을 계속하고서 겨우 문제의 본질에 생각이 미쳤다.

15. 叫(さけ)ぶ : 외치다, 부르짖다, 주장하다 [= 大声(おおごえ)を出す, 主張(しゅちょう)する, cry, shout, clamor]

⇨ 時には大声(おおごえ)を上げて、思い切(き)り叫んでみ

たくなる。〔例文〕

때로는 소리 높여 마음껏 외쳐보고 싶어진다.

⇨ 悲(かな)しいことがあると、叫んだり、その悲しみを他人(たにん)に訴(うった)えたり、何かに祈(いの)ったりしたくなります。〔例文〕

슬픈 일이 있으면, 소리치거나 그 슬픔을 다른 사람에게 호소하거나 무언가에 빌고 싶기도 합니다.

⇨ こういう問題については、いくら叫んでも叫び足りないほどだ。〔例文〕

이런 문제에 대해서는 아무리 주장해도 모자랄 정도다.

16. 哲理(てつり) : 철리, 철학적인 이론 [= 哲学上の道理(どうり), 人生や世界の本質などに関する奥深(おくぶか)い道理, philosophical principles)

⇨ 人生の哲理。a philosophy of life.

인생의 철리.

⇨ このように、少林寺(しょうりんじ)は過去(かこ)の思想・哲理の影響(えいきょう)を受けているのは確(たし)かであるが、しかし決して、訓古考証学(くんこ-こうしょうがく)に陥(おちい)ってはいない。〔yp, 少林寺拳法〕

이와 같이 소림사는 과거의 사상·철학적인 이론의 영향을 받고 있는 것은 확실하지만, 결코 훈고 고증학에 빠져있지는 않다.

17. 機制(きせい) : 구조, 기구, 조직, 메커니즘 [= 仕組(しく)み, 機構(きこう), 組織(そしき), メカニズム, mechanism]

⇨ 脳(のう)のメカニズム。the mechanism of brain.
뇌의 구조.

⇨ 人体のメカニズム。
인체의 메커니즘.

⇨ 政治のメカニズムを解明(かいめい)する。
정치의 메커니즘을 해명한다.

⇨ 防衛(ぼうえい)機制とは、心理学・精神分析学などで用いられる用語であり、欲求不満(よっきゅうふまん)などによって適応(てきおう)が出来ない状態に陥った時に、不安が動機(どうき)となって行われる再(さい)適応のメカニズムを指す。〔yp, 心理学〕
방위 구조란, 심리학·정신분석학 등에서 사용되는 용어이며, 욕구 불만 등에 의하여 적응할 수 없는 상태에 빠졌을 때 불안이 동기가 되어 행해지는 재적응의 메커니즘을 가리킨다.

머리말본문 번역

서문

루스·마레이의 이름은, 교원양성이나 무용교육의 분야에 관계하는 사람들에게 잘 알려져 있다. 이번의「댄스학습법」의 개정판에는, 전국의 교사가 보다 충실한 댄스학습을 전개하기 위해 유용하게 쓸 수 있는 교육 자료가 수많이 담겨져 있다. 아동, 초등학교 교사, 대학교수, 그리고 무용가를 위하여 저자의 오랜 세월의 경험을 살린 댄스 지도의 실제적이고 독창적이며, 신선한 내용이 많은 장(章)에 명확히 나타나 있다.

디트로이트·퍼블릭·스쿨의 교사들이 마레이 여사에 의해 능숙한 지도력을 가지게 된 것은 행운이다. 그녀는 웨인 주립대학 체육학부 여자부의 부장으로 오랜 동안 전문적인 연구를 해 왔다. 그 결과 1954년에 웨인 주립대학 댄스교우회 결성이라는 훌륭한 성과가 나타났다. 이 모임은 우수한 댄스전공 지원자에게 매년 루스·마레이 장학금을 수여하고 있다.

이 개정판에는, 현대교육의 목표나 원리에 맞는 새로운 항목이 추가되었다. 그 외의 부문도 또한 재편성이나 수정이 가해지고 있다. 이 책은 지극히 귀중한 댄스의 지도서이다. 특히 중요한 부분은, 제 2부의 「댄스 무브먼트의 체험」과 제 5부의 「댄스의 창작」이다. 더욱 이 책의 가치를 높이고 있는 것은, 댄스지도의 독창적인 방법을 전개하였으며, 그 방법의 전개에 사용되는 노래, 시, 음악, 댄스 등을 저학년과 고학년으로 나누었고, 풍부한 참고자료를 갖추고 있는 것이다.

운동하고 있는 아이들의 생기발랄한 매력적인 사진은, 예술적 만족을 독자에게 주어 그 이해를 매우 깊게 할 것이다.

이 책에 쓰여 있는 많은 방법론이나 전체를 일관하고 있는 생각은, 댄스 지도에 독창적인 방법을 사용하는 데에 불안을 느끼고 있는 사람들에게, 첫걸음을 내딛는 힘과 자신감을 주기에 틀림없다. 또한 이 논리적인 사고의 전개는 아이들에게 풍부한 댄스 체험을 시키기 위한 필요한 지식을 준다. 이러한 지식을 체득한 한 사람 한 사람의 교사가, 창조성, 독창성, 창의성을 크게 발휘함으로써 살아있는 댄스지도법이 새로 만들어질 것이다.

하루하루 교사는 자기 자신이 가르친 것 이상을 배워간다. 그리고 또한 하루하루 교사는 "다른 사람에게 열정을 갖게 해주는 사람은 자기 자신을 성장하게 한다"는 지도자의 참모습에 한층 더 가까이 갈 수 있을 것이다.

디트로이트·파브릭·스쿨

보건체육 지도주임 데리아·P·핫세

편자의 말

왜 인간은 춤을 추는가?

만약 이 물음에 대답하려고 한다면, 사람은 세계 각지에서 몇 십년 몇 백년이나 계속 춤을 추어온, 무용의 의의와 가치에 새삼 생각이 미치지 않을 수 없을 것이다.

더욱 인간부재를 외치고 있는 오늘날 인간이 잃어서는 안 되는 것은 무엇일까 생각할 때, 인간의 생명의 연소로 보아야 할 행동 문화 — 무용 — 은, 새로이 그 현대적 의의가 발견되어야 한다고 생각한다.

본 시리즈는, 그 의미로 무용의 본질을 재인식하고 원리적 추구를 지향하는 한편, 발달과 교육을 생각하고 그 방법을 체계화하기 위하여 필요한 자료를 제시하려고 책을 고르게 되었다.

「무용학원론」을 무용의 철학이치로 하고, 그 교육으로의 전개로 「댄스학습법」과 「댄스의 창작과정」을 미국의 저서 중에서 선정했다. 또한 「모던댄스의 시스템」은 영국의 무용이론과 그 체계의 구체화를 나타낸 것으로 이것에 의해 라방이 주도한 영국의 "움직임의 예술"관을 볼 수 있다고 생각했다. 더욱이 「포크댄스」는, 이론이 적은 이 분야에 민속학적 소견을 전개한 귀중한 것으로, 이것에서 모든 무용 속에 흐르는 그 근원적 성격을 파헤쳐 보려고 선정했다.

이들 시리즈가, 원 저자의 뜻을 잘 전하고 전 5권의 한계를 넘어 무용의 가치를 재인식시켜 보다 많은 사람들이 무용을 사랑하는 계기를 갖게 된다면, 진정한 무용이라는 것은 무엇인지 — nonverbal communication(비언어전달)의 조직을 찾아 한 평생을 살아 온 本채록자는 무엇보다 가장 큰 기쁨으로 생각하는 바이다.

1974년 3월　마츠모토 치요에

제6장

現代舞踊学双書-4- ダンス学習法

-あとがき-

現代舞踊コンクールの場面。

《제6장》

출전

松本千代栄(まつもとちよえ)外訳、『現代舞踊学双書-4- ダンス学習法』、1977年 9月 3版(1974年 3月 初版)、大修館書店 -- あとがき -- (出典、前書と同一)

(도서청구번호 : 793.3 M983e2 숭3)

머리말 본문

あとがき

原著 Dance in Elementary Education(1963年版)は、原著者ルース・マレイが初版の出版(1953)に10年、この再版の出版までに10年と、長年月[1]にわたる努力を傾けて完成されたものである。

訳者が本書にひかれた[2)]直接の動機は、原著者ルース・マレイが自序の中で、1955年イギリス文部省のルース・フォスターによって開かれた小学校体育のワークショップに出席し、イギリスの運動教育の理念と方法にふれて啓発されたことを[3)]述べているのを知ったときからであった。世界のモダンダンスの先駆としての今日のアメリカの舞踊文化、更に舞踊の価値に対する多面的な、精細な分析的研究を導き出している、[4)]今日のアメリカ各大学の舞踊研究、これらの自国の文化と研究・教育の発展を背景にもちながら、ルース・マレイがどのようにイギリスの自主創造性の教育を観たかは、格別に[5)]興味深いものであった。

更に、もう一つの動機は、本書に接した人々なら、誰でも驚くにちがいない、実に豊富な、そして緻密な内容[6)] — 実証的な積みかさねの[7)]みられる克明な[8)]内容構成にひかれたからでもあった。いわば、舞踊創作の原理という美的規範の側からと、伸びていくこどもたちの自主創造性という生命発動の側からとをどう噛みあわせていくか[9]の教育の基本的問題に対するルース・マレイのとりくみ方を[10]みたいと考えたからでもあった。

ルース・マレイは、ダンスの学習内容を、運動の探究、ダンス独自の技能の習得、ダンスを創ることと学ぶ(覚える)ことという領域にわけ、運動とリズムの探究を楽しく生き生きと経験させることを基盤としながら、最終的な目標、自らのダンスをつくり演じるという表現の深い喜びと満足へと導く方法論を体系化している。

この労作の最大の特色は、人間の心の運動と身体の運動、その内面と外面との間の緊密な脈絡を認め、心と身体の相互関係を見失うことなく、[11]学習内容を体系だて、創作の方法論を打ち立てた点に[12]あると思われる。一つ一つの実証的な裏付けを[13]もつ例示からは、著者のこどもと舞踊に対する並々でない[14]深い愛がにじみ出ている。[15]愛なくしては為し得なかったであろう[16]克明な手引 — その珠玉の事例は、本書に接するすべての人々に、教育者としての自らを省みさせ、[17]鞭打たれる[18]思いをさえ抱かせるにちがいない。

省みると、舞踊創作の方法論が打ちたてられ、教え始められるようになったのは1930年代であり、日本の学校教育においては、公的には、1947年(昭22)、第二次大戦以後のことである。他の芸術領域に比較し、まだまだ明確化されていない現状がうなづけよう。[19]小集団学習として、学習の方法の側から一般化した日本の創作ダンスが、今日、その学習内容をより明確にしようとする中で、ルース・マレイの労作は、私たちに大きい示唆を与えてくれるにちがいない。マレイがアメリカの舞踊教育のためにイギリスを観たように、私たちは、日本の歴史的過程の中で、日本のこどもたちを注視し、その心と身体の表現 — 律動的運動による自己表現を豊かに経験させるために、マレイの労作を観たいとねがうものである。

日本の創作ダンスの歩み20数年を省み、この訳書から、こどもたちひとりひとりの独自性をひきだし、[20]

探究心を旺盛にし、楽しい創造的なダンス体験をもたせる、より確かな手がかりが得られるなら、訳者としての喜びはそれにまさるものはない。[21]同時に、ひとりひとりの教師が、舞踊教育の価値と方法に啓発され、教師とこどもたちとのたのしい心のふれあいが[22]実現されるなら、それこそ原著者マレイの念願とするところであろう。訳者もまたそれを切望するものである。[23]

訳文については、克明な原著をそのままに伝えたい — と考えたので抄訳とせず、[24]あえて全文を訳出した。紙数の関係で活字の号をおとす方法を訳者としてとらせていただいた。不備の点、また、訳者の読みの浅さをこえて、原著者の意を汲んで[25]いただければとねがってやまない。[26]

終りに、足繁くはこび、[27]遅れがちな仕事をはげましはげまして下さった[28]大修館書店編集部、高野整、小高みどり、細川研一の三氏に厚く御礼を申上げたい。

1974年 1月 訳者

한자의 読み方

原著(げんちょ) : 원저, 원작
初版(しょはん) : 초판
長年月(ちょうねんげつ) : 오랜 세월
傾(かたむ)ける : 기울이다, 집중하다
直接(ちょくせつ) : 직접
動機(どうき) : 동기
自序(じじょ) : 자서, 저자 스스로 쓴 서문
開(ひら)く : 열다, 벌어지다.
体育(たいいく) : 체육
理念(りねん) : 이념
啓発(けいはつ)する : 계발, 계몽하다
先駆(せんく) : 선구
舞踊(ぶよう) : 무용
多面的(ためんてき) : 다면적
精細(せいさい) : 세밀함
分析(ぶんせき) : 분석
導(みちび)く : 길잡이를 하다, 지도하다
自国(じこく) : 자국
背景(はいけい) : 배경
自主(じしゅ) : 자주
創造性(そうぞうせい) : 창조성
観(み)る : 보다, 돌보다, 겪다
格別(かくべつ) : 각별, 어쨌든
興味深(きょうみぶか)い : 흥미 깊다
接(せっ)する : 접촉하다, 경험해 보다
豊富(ほうふ)だ : 풍부하다
緻密(ちみつ) : 치밀
実証的(じっしょうてき) : 실증적
積(つ)みかさねる : 여러 겹으로 쌓다
克明(こくめい) : 세세한 데까지 주의가 미침
構成(こうせい) : 구성
創作(そうさく) : 창작
原理(げんり) : 원리
美的規範(びてききはん) : 미적 규범
伸(の)びる : 펴지다, 발전하다
発動(はつどう) : 발동
噛(か)みあわせる : 맞물리게 하다
探究(たんきゅう) : 탐구
独自(どくじ) : 독자
技能(ぎのう) : 기능
習得(しゅうとく) : 습득
創(つく)る : 만들다
領域(りょういき) : 영역
基盤(きばん) : 기반
最終的(さいしゅうてき) : 최종적
自(みずか)ら : 자신
演(えん)じる : 연기를 하다, 진술하다
体系化(たいけいか)する : 체계화하다
労作(ろうさく) : 노작, 역작
特色(とくしょく) : 특색
身体(しんたい) : 신체
外面(がいめん) : 외면

緊密(きんみつ) : 긴밀
認(みと)める : 인지하다, 판단하다
見失(みうしな)う : 보던 것을 놓치다
裏付(うらづ)け : 뒷받침
並々(なみなみ)でない : 보통이 아닌
手引(てびき) : 첫걸음, 입문함
鞭打(むちう)つ : 채찍을 가하다, 격려하다
抱(いだ)く : 껴안다
打(う)ちたてる : 세우다, 확립하다
脈絡(みゃくらく) : 맥락, 연관
相互関係(そうごかんけい) : 상호관계
打(う)ち立(た)てる : 세우다
例示(れいじ) : 예시
為(な)す : 하다
珠玉(しゅぎょく) : 주옥
事例(じれい) : 사례
省(かえり)みる : 돌이켜 보다
芸術(げいじゅつ) : 예술
第二次大戦(だいにじたいせん) : 제2차 대전
比較(ひかく)する : 비교하다
現状(げんじょう) : 현상
示唆(しさ) : 시사
注視(ちゅうし)する : 주시하다
歩(あゆ)み : 걸음, 진행
探究心(たんきゅうしん) : 탐구심
啓発(けいはつ)する : 계발하다
念願(ねんがん) : 염원
訳文(やくぶん) : 역문, 번역문
全文(ぜんぶん) : 전문
紙数(しすう) : 종이 수
号(ごう) : 활자 크기의 단위, 명칭
浅(あさ)さ : 얕음, 덜함
足繁(あししげ)く : 뻔찔나게, 빈번히
明確化(めいかくか)する : 명확화하다
小集団(しょうしゅうだん) : 소집단
過程(かてい) : 과정
律動的(りつどうてき) : 율동적
独自性(どくじせい) : 독자성
旺盛(おうせい) : 왕성
実現(じつげん)する : 실현하다
切望(せつぼう)する : 갈망, 간망하다
抄訳(しょうやく) : 초역
訳出(やくしゅつ)する : 역출, 번역하다
活字(かつじ) : 활자
不備(ふび) : 갖추지 않음
汲(く)む : 헤아리다, 짐작하다
三氏(さんし) : 세 분

주해

1. 長年月(ちょうねんげつ) : 긴 세월, 다년간 [= 長い年月, 長日月(ちょうじつげつ), 長時日(ちょうじじつ)]

⇨ 人類(じんるい)が長年月かけて作り上げた唯一(ゆいいつ)の「家畜昆虫(かちくこんちゅう)」であると云(い)われるカイコは絹糸(きぬいと)の原材料(げんざいりょう)として知られている。〔yp, カイコ〕

인류가 긴 세월에 걸쳐 만들어 낸 유일한 「가축곤충」이라 말하는 누에는 견사의 원재료로서 알려져 있다.

⇨ 100年の長年月にわたって京都大学が収集(しゅうしゅう)してきた250万点以上に及(およ)ぶ貴重(きちょう)な学術·教育資料。〔yp, 博物館発足〕

100년의 긴 세월에 걸쳐 교토대학이 수집해온 250만점 이상에 이르는 귀중한 학술·교육자료.

2. ~に引(ひ)かれる : ~에 끌리다

⇨ その間に、たまたま見た押(お)し絵(え)作品にひかれ、久保田さんに作り方を教えてもらった。〔yp, 押し絵〕

그 동안에 가끔 보았던 오시에 작품에 끌려 구보다

씨에게 만드는 방법을 배웠다.

⇨ 訳者が本書にひかれた直接の動機は、-- 中略 -- イギリスの運動教育の理念と方法にふれて啓発されたことを述べているのを知ったときからであった。〔본문V, 머리〕

역자가 본서에 끌린 직접적인 동기는, — 중략 — 영국의 운동교육의 이념과 방법에 관하여 계발, 설명하고 있는 것을 알고 난 때부터였다.

cf) 引(ひ)く : 유인하다, 끌다 [= 注意·関心などを引(ひ)き付(つ)ける, 誘(さそ)う, attract, draw, catch]

⇨ 客を引く。(店の前などで) try to attract customers.
손님을 끌다.

⇨ 注意を引く。attract a person's attention to.
주의를 끌다.

⇨ なぜか彼に心が引かれる。〔ニュ和英〕
I feel somehow drawn [attracted] to him.
왠지 그에게 마음이 끌린다.

⇨ 人々の同情(どうじょう)を引く。
draw the sympathy of other people.
많은 사람들의 동정심을 끈다.

3. 啓発(けいはつ)する : 계발하다, 계몽하다 [= 教えわから

せてより高い認識·理解に導(みちび)く, enlighten, educate]

⇨ 私はこの本を読んで大(おお)いに<u>啓発さ</u>れた。〔プ英〕

I learned a great deal from this book.

나는 이 책을 읽고 크게 계발되었다.

⇨ 若いころの私は、彼の考え方や言葉に<u>啓発さ</u>れることが多かった。〔例文〕

젊을 때의 나는 그의 사고방식이나 말에 계몽될 때가 많았다.

⇨ ロックやルソーの考え方は、近代政治に取り組んできた多くの人々を<u>啓発し</u>てきた。〔例文〕

로크나 루소의 사고방식은 근대정치에 관심을 가져온 많은 사람들을 계몽시켰다.

4. 導(みちび)き出(だ)す : 도출하다, 끌어내다 [= 導出(どうしゅつ)する, 特に論理的に結論をひきだす, guide, conduct, lead]

⇨ 新しい理論から<u>導き出さ</u>れた方法。〔林〕

신 이론에서 도출된 방법.

⇨ データから結論(けつろん)を<u>導出する</u>。

데이터에서 결론을 끌어내다.

5. 格別(かくべつ)だ : 특별나다, 유별나다 [= 特別だ, 例外的だ, 著しい, 普通でない, particular,

special, exceptional, remarkable, unusual]

⇨「何かお手伝いすることがありますか。」「いえ、格別なにも。」〔プ英〕

"Is there anything I can do for you?" "Nothing in particular."

뭐 도와 드릴 거 있습니까? 아니요 특별히.

⇨ 今朝の寒さは格別だ。

It is especially [exceptionally] cold this morning.

오늘 아침 추위는 유별나다.

cf) 格別(かくべつ) : (부) 각별히, 특별히, (부정 동반) 그다지, (가정의 말 뒤에) ~이라면 몰라도 (= 格別に, たいして, 別として, ともかくとして)

⇨ その映画を格別見たいわけではない。〔ニュ和英〕

I don't particularly [especially] want to see the movie.

그 영화 특별히 보고 싶지는 않다.

⇨ 格別これといったことはなかった。〔ニュ和英〕

Nothing remarkable [particular] happened.

특별히 이거다 라는 일은 없었다.

⇨ 格別変(か)わったこともない。

그다지 별난 일도 없다.

⇨ 生活が苦(くる)しいなら<u>格別</u>、何に不自由(ふじゆう)なく暮(く)らしている上に。

생활이 어렵다면 몰라도 무엇 하나 부족한 것 없이 살아가고 있는데.

⇨ 子供なら<u>格別</u>、大人(おとな)の行為(こうい)としては許(ゆる)せない。〔泉〕

어린 아이라면 몰라도 어른의 행동으로서는 용서할 수 없다.

6. 緻密(ちみつ)だ ： 치밀하다, 빈틈없고 꼼꼼하다, 세밀하게 배려되다 [= きめが細かい, 精密(せいみつ)で正確だ, 綿密(めんみつ)だ, 細心(さいしん)だ, precise, accurate, close, minute]

⇨ その博士は、ぼくたちとは比べものにならない<u>緻密な</u>頭脳(ずのう)の持(も)ち主(ぬし)である。〔例文〕

그 박사는 우리들과는 비교되지 않은 치밀한 두뇌의 소유자이다.

⇨ 登山、とくに冬山(ふゆやま)の登山には、<u>緻密な</u>計画が必要だ。〔例文〕

등산, 특히 겨울 산의 등산에는 빈틈없고 꼼꼼한 계획이 필요하다.

⇨ <u>緻密な</u>観察(かんさつ)。

a close [a careful, a minute] observation.
세밀한 관찰.

⇨ 彼の文芸批評(ぶんげいひひょう)は実に緻密である。
His criticism of literary works is precise.
그의 문예비평은 정말로 세심하다.

7. 積(つ)み重(かさ)ねる : 겹쳐 쌓다, 쌓아올리다, 점차 늘려 가다, 오래 동안 거듭하다 (= ものを幾つ積んで高くする, 同じようなことを長くつづける, pile up)

⇨ 空(あ)き箱(ばこ)は隅(すみ)の方に積み重ねておいてください。〔用例〕
빈 상자는 구석 쪽에 쌓아두세요.

⇨ ブロックを積み重ねて塀(へい)を作った。
They built a wall by piling up concrete blocks.
벽돌을 쌓아 담장을 만들었다.

⇨ 経験(けいけん)を積み重ねることが大切(たいせつ)だ。
경험을 쌓아가는 일이 중요하다.

⇨ 彼は実験を積み重ねた結果成功した。〔プ英〕
He succeeded after a long series of experiments.
그는 실험을 오래 동안 거듭한 결과 성공했다.

8. 克明(こくめい)だ : 가능한 한 주의 깊게 하다, 상세하다, 자세하고 꼼꼼하다 [= 丹精(た

んせい)こめてする, 詳細(しょうさい)だ, with the utmost care, detailed, minute]

⇨ 克明な描写。a minute description.
극명한 묘사.

⇨ 問題を克明に説明する。explain a matter in detail.
문제를 상세하게 설명하다.

⇨ これらの項目(こうもく)を彼はアルファベット順に克明に記載(きさい)した。〔プ英〕
He listed these items carefully in alphabetical order.
이들 항목을 그는 알파벳순으로 자세하고 꼼꼼하게 기재했다.

9. 噛(か)み合(あ)う : 서로 물고 싸우다, 맞물리다, (의견 등이) 맞아 떨어지다, 일치하다 [= かみ合いをさせる, あわせて働かせる, まとまった一つの働きをする, bite each other, engage, mesh]

⇨ やがて子別(こわか)れの時期(じき)になると、母ぎつねと子ぎつねは互(たが)いに噛み合い決別(けつべつ)する。
〔例文〕
이윽고 새끼와 떨어질 시기가 되면 어미 여우와 새

끼 여우는 서로 물고 싸운 후 헤어진다.

⇨ 歯車(はぐるま)が噛み合う。

톱니바퀴가 맞물리다.

⇨ 彼と私とは発想(はっそう)が全く違っていて、議論(ぎろん)が噛み合わないのだ。〔例文〕

그와 나는 발상이 완전히 달라서 논의가 되지 않는다.

10. 取(と)り組(く)み方 : 몰두 방법

⇨ 星座(せいざ)によって、英語へのとりくみ方を変えてみると、意外に上達が早くなるんです。〔yp, 英語学習〕

별자리를 이용하여 영어 공부 방법을 바꾸어 보면 의외로 빨리 능숙해집니다.

cf) 取(と)り組(く)む : 전념하다, 몰두하다, 어떤 상대와 시합하다, 맞붙다 [= いっしょうけんめいにする, 問題に対処する, つかみ合う, ある相手と試合をする, work on, wrestle with, grapple with]

⇨ 新分野の開拓(かいたく)に取り組んでいる。

신 분야 개척에 몰두하고 있다.

⇨ 今年の夏休みは、きらいな数学に取り組んでみよう。

올 여름방학에는 싫어하는 수학을 열심히 해 보겠다.

⇨ 真剣(しんけん)に仕事に取り組む彼の姿は、とても美しく見えた。〔例文〕

진지하게 일에 몰두하는 그의 모습은 너무 아름답게 보였다.

⇨ むずかしい仕事に四(よ)つに取り組む。

어려운 일에 정면 대결하다.

⇨ 強い相手と取り組むと、負(ま)けるかも知れない。〔用例〕

강한 상대와 맞붙으면 질지도 몰라.

11. 見失(みうしな)う : 보고 있던 것을 놓치다, 잃다 [= 今まで見えていたものがどこへ行ったか見えなくなる, lose sight of]

⇨ 探偵(たんてい)は怪(あや)しい男を見失った。〔プ英〕

The detective lost track of the suspicious man.

탐정은 의심스러운 남자를 놓쳐 버렸다.

⇨ お祭りで人ごみにまぎれて、友達を見失ってしまった。〔例文〕

축제로 붐비는 사람들에 뒤섞여 친구를 놓쳐 버렸다.

⇨ 物のあふれた豊(ゆた)かな生活の中で、私たちは大切なものを見失ってしまいがちだ。〔例文〕

물자가 풍부한 생활 속에서 우리들은 소중한 것을 놓쳐버리기 일쑤다.

⇨ 君は良心(りょうしん)を見失ったのか。

Where is your conscience?

자네는 양심을 잃어버렸나?

12. 打(う)ち立(た)てる ： 세우다, 건설하다, 확립하다 [=しっかりと定める, 確立する, 立てる, set, establish, fram]

⇨ マラソンの新記録を<u>打ち立て</u>た。

He set a new record in the marathon.

마라톤의 신기록을 세웠다.

⇨ 初登頂(はつとうじょう)をとげた登山隊(とざんたい)は、頂上(ちょうじょう)にしっかりと国旗(こっき)を<u>打ち立て</u>た。〔例文〕

첫 등정을 이루어낸 등산대는 정상에 단단히 국기를 꽂았다.

⇨ 彼らは新しい国家を<u>打ち立て</u>た。

They established a new state.

그들은 새로운 국가를 건설했다.

⇨ 松尾芭蕉(まつおばしょう)は、蕉風俳諧(しょうふうはいかい)を<u>打ち立て</u>た。〔例文〕

마쯔오 바쇼는 바쇼풍 와카 詩를 확립했다.

⇨ 彼は実験(じっけん)に基(もと)づいて学説(がくせつ)を<u>打ち立て</u>た。〔プ英〕

He framed [formulated] his theory on the basis of experiments.

그는 실험을 근거로 학설을 확립했다.

13. 裏付(うらづ)け ： (N) 지지, 뒷받침, 입증, 증명, 실증 [=

支持(しじ)， 証明(しょうめい)， 実証(じっしょう)，support, proof，evidence]

⇨ 太陽エネルギー設備(せつび)の裏付けとなる科学技術。〔プ英〕

the technology behind solar energy systems.

태양 에너지 설비의 뒷받침이 되는 과학기술.

⇨ その議論に対する裏付けがあるのか。〔プ英〕

Do you have any evidence to support your argument?

그 논의에 대한 입증이 있는 것인가?

cf) 裏付(うらづ)ける : 뒷받침하다, 입증하다, 증명하다, 실증하다 [= 支持(しじ)する, 証明(しょうめい)する, 実証(じっしょう)する, support, back up, prove, substantiate]

⇨ 彼は自分の理論を裏付ける資料を集めている。〔プ英〕

He is collecting data to support [back up] his theory.

그는 자기의 이론을 뒷받침할 자료를 수집하고 있다.

⇨ 調査が進むにつれ、鉱毒(こうどく)の被害(ひがい)を裏付ける事実が次々に明らかになった。〔例文〕

조사가 진행됨에 따라 광독의 피해를 입증하는 사실이 점차로 분명해졌다.

⇨ 状況証拠(じょうきょうしょうこ)以外に彼の犯行(はんこう)を裏付けるものはなかった。〔プ英〕

There was only circumstantial evidence to prove that he committed the crime.

상황 증거 이외 그의 범행을 증명할만한 것은 없었다.

⇨ 筆者(ひっしゃ)は、自分の主張(しゅちょう)を裏付けるために、気候(きこう)、風土(ふうど)、農業(のうぎょう)の方法の違いを詳しく説明している。〔例文〕

필자는 자신의 주장을 실증하기 위해 기후, 풍토, 농업의 방법 차이를 자세히 설명하고 있다.

14. 並々(なみなみ)でない : 남다른, 보통이 아닌, 유별난, 특별한, 비범한 [= 並々ならぬ, 並外(なみはず)れた, 非凡(ひぼん)な, extraordinary, uncommon]

⇨ 彼の並々ならぬ努力のお陰(かげ)で和平会談がついに実現(じつげん)した。〔プ英〕

The peace talks finally materialized thanks to his extraordinary efforts.

그의 남다른 노력 덕택으로 평화회담이 결국 실현

되었다.

⇨ 一つ一つの実証的な裏付けをもつ例示からは、著者のこどもと舞踊に対する並々でない深い愛がにじみ出ている。〔머리V, 본문〕

하나하나의 실증적인 근거를 가진 예시에서는, 저자의 아이와 무용에 대한 남다른 사랑이 나타나있다.

⇨ 並々ならぬ才能(さいのう)の女性。〔ニュ和英〕

a woman of extraordinary [uncommon] talent.

보통이 아닌 재능의 여성.

⇨ 彼は並々ならぬ才能を持った彫刻家(ちょうこくか)だ。

He is a sculptor of considerable genius.

그는 비범한 재능을 갖은 조각가이다.

15. にじみ出(で)る : 배어 나오다, 스며 나오다, 자연히 나타나다 [= 液体(えきたい)がじわじわとしみて出る, 自然に表れる, ooze out, reveal itself]

⇨ じっと立っているだけで、顔から胸にかけて汗がにじみ出てきた。〔例文〕

쭉 서있는 것으로도 얼굴에서 가슴까지 땀이 배어 나왔다.

⇨ 日焼(ひや)けした裸(はだか)の体から、海の男のにおいがにじみ出ている。〔例文〕

햇볕에 그을린 알몸에서 바닷 남자의 냄새가 스며

나오고 있다.

⇨ この手紙には彼の思いやりがにじみ出ている。〔プ英〕

His consideration comes through clearly in this letter.

이 편지에는 그의 배려가 나타나있다.

cf) 滲(にじ)む : 스미다, 배다, (윤곽이) 부예지다, (눈물이) 고이다 [= 染(し)み込(こ)んで広がる, ぼんやりする, 染み出してくる, 涙が浮(う)かぶ, 気持ちなどがじっくり伝(つた)わる, run, spread, be blurred, ooze]

⇨ インキがにじんで読めない字がある。〔プ英〕

Some of the letters are blurred and illegible.

잉크가 번져 읽을 수 없는 글자가 있다.

⇨ 涙のにじむ目で手紙を読み返した。〔プ英〕

She read the letter again with「tearful eyes [eyes brimming with tears].

눈물을 글썽이면서 편지를 다시 읽었다.

⇨ 雲ぎれのしたところどころに星のにじんでいるのが見える。

구름사이 여기저기에 가물거리고 있는 별이 보인다.

⇨ 血(ち)のにじむような苦労(くろう)をして成功を勝(か)

ちえた。〔プ英〕

I achieved success after strenuous [back-breaking] efforts.

각고의 노력을 하여 성공할 수 있었다.

16. 為(な)し得(え)ない : 할 수 없다

⇨ 今年はいろいろな物に目移(めうつ)り、気移(きうつ)りが多く、一貫(いっかん)して物事をなしえない年になりそうです。〔yp, 占い〕

금년은 여러 가지에 눈이 쏠리고 신경 쓰이는 일이 많아, 일관해서 일을 할 수 없는 해가 될 것 같습니다.

⇨ 皆様の新しい発想(はっそう)、斬新(ざんしん)な発想等積極的なご協力を得なければ到底(とうてい)なしえないものです。〔yp, 入会案内〕

여러분의 새로운 발상, 참신한 발상 등 적극적인 협력을 얻지 않으면 도저히 할 수 없을 것입니다.

⇨ 愛なくしては為し得なかったであろう克明な手引 — その珠玉の事例は、本書に接するすべての人々に、教育者としての自らを省みさせ、鞭打たれる思いをさえ抱かせるにちがいない。〔머리Ⅴ, 본문〕

애착심 없이는 할 수 없을 것 같은 자세하고 꼼꼼한 입문서 — 그 주옥같은 사례는, 본서를 접한 모든 사람들에게 교육자로서의 자기스스로를 돌이켜 보게 하고 채찍질까지도 받을 것임에 틀림없다.

17. かえりみる(省みる·顧みる) : 반성하다, 뒤돌아보다, 걱정하다 [= 振(ふ)り返(かえ)る, 回顧(かいこ)する, 反省(はんせい)する, 気(き)にかける, look back on, reflect on, take notice of]

⇨ 自分の日常を省みると。

when I think of my everyday life.

자기의 일상생활을 반성해 보면.

⇨ 彼らは私の忠告(ちゅうこく)を顧みなかった。〔ニュ和英〕

They took no notice of my advice.

그들은 나의 충고를 반성하지 않았다.

⇨ 他人が何を言おうと、自分自身を省みて恥(は)じるところがなければいいじゃないか。〔例文〕

다른 사람이 뭐라 하던 자기 자신을 반성해보아 부끄러운 점이 없으면 되지 않는가?

⇨ 明治維新以降(めいじいしんいこう)の日本の歴史を省みると、現在のように平和が長く続いたことはないということがわかる。〔例文〕

명치유신 이후의 일본의 역사를 뒤돌아보면 현재처럼 평화가 오래 동안 계속된 적은 없다는 사실을 알 수 있다.

⇨ 身(み)の危険(きけん)を顧みずに。〔ニュ和英〕

regardless of the danger.

신변의 위험을 돌보지 않고.

⇨ 彼は人の気持ちを顧みない。〔ニュ和英〕

He has [shows] no regard for the feelings of others.
그는 남의 기분을 걱정하지 않는다.

18. 鞭打(むちう)つ : 채찍질하다, 격려하다 [= むちで打つ, 励(はげ)ます, whip, lash, encourage, spur on]

⇨ 馬を鞭打つ。whip a horse on.
채찍질하다.

⇨ 痩(や)せ馬(うま)にむち打つ。〔プ英〕
encourage a failing heart.
실패한 마음을 격려하다.

⇨ 怠(なま)け心に鞭打って、毎日机に向かっている。〔例文〕
게으른 마음을 채찍질하면서 매일 책상 앞에 앉아 정진하고 있다.

⇨ 彼は老骨(ろうこつ)にむち打って(= 老齢にもかかわらず)働いている。〔プ英〕
He is pushing [working] his old bones hard/in spite of one's old age.
그는 노령임에도 불구하고 일하고 있다.

⇨ 母は疲れきったわが身に鞭打って、つらい農作業を続けた。〔例文〕
어머니는 지쳐버린 자기 몸인데도 불구하고 힘든 농사일을 계속했다.

19. 頷(うなず)ける : 수긍이 가다, 납득이 가다, 이해할 수 있다 [= うなずくの 가능v, もっともだと思われる, 納得(なっとく)がいく, 了解(りょうかい)できる]

⇨ 彼が腹(はら)を立てるのもうなずける。

그가 화가 난 것도 수긍이 간다.

⇨ うなずけない行動(こうどう)。

납득할 수 없는 행동.

⇨ この抽象画(ちゅうしょうが)の「春」という題(だい)は、そのほのぼのとした色調(しきちょう)からなるほどと頷けるように思う。〔例文〕

이 추상화의 「봄」이라는 제목은 그 따뜻한 색조로 이루어진 것으로 이해된다.

⇨ 自首(じしゅ)してきた男の話にはどこか頷けないところがあって真犯人(しんはんにん)は別にいるように思えた。

〔例文〕

자수한 남자 이야기에는 어딘가 수긍이 안가는 데가 있어 진범은 따로 있을 것으로 판단되었다.

cf) うなずく : 수긍하다, 고개를 끄덕이다 [= 承諾(しょうだく)や同意などの気持ちを表すために首を縦(たて)に振る, nod]

⇨ 係員(かかりいん)の説明にいちいちうなずきながら聞(き)き入(い)った。〔泉〕

계원의 설명에 하나하나 수긍하면서 경청하다.

⇨ 父は承諾してうなずいた。[プ英]

My father nodded his consent.

아버지는 고개를 끄덕이면서 승낙했다.

⇨ 首相(しゅしょう)が入って来ると、女王(じょうおう)は軽くうなずいた。[プ英]

The queen gave the premier a slight nod as he entered.

수상이 들어오자 여왕은 가볍게 고개를 끄덕였다.

20. 引(ひ)き出(だ)す : 끌어내다, 불러내다, 꺼내다, 발휘하다, 융통하다, 인출하다 [= 引っ張って出す, 呼び出す, 外に出す, 金などをうまくもらう, 預金(よきん)を出す, draw out, pull out of, withdraw from]

⇨ 飛行機を格納庫(かくのうこ)から引き出した。

비행기를 격납고로부터 끌어냈다.

⇨ 彼らは私をパーティーに引き出された。

They talked me into attending the party.

그들은 나를 파티에 불러냈다.

⇨ コンピューターが一瞬(いっしゅん)のうちにその大学についての全情報(ぜんじょうほう)を引き出す。[ニュ和英]

The computer pulls out all information relevant to the university in a moment.
컴퓨터가 일순간에 그 대학에 대한 모든 정보를 꺼낸다.

⇨ いろいろなことに挑戦(ちょうせん)して、自分のかくれた才能(さいのう)を引き出そう。〔例文〕
여러 가지 일에 도전해서 자신의 숨겨진 재능을 발휘하자.

⇨ 友人から事業資金(じぎょうしきん)を少し引き出すことが出来た。〔プ英〕
I managed to get a little money for my business out of a friend.
친구로부터 사업자금을 조금 융통할 수 있었다.

⇨ 銀行から少し金を引き出した。
I withdrew some money from the bank.
은행으로부터 조금 돈을 인출했다.

21. ～の喜(よろこ)びはそれにまさるものはない ： ～의 기쁨은 더할 나위가 없다, ～는 더할 나위 없이 기쁘다

⇨ こどもたちひとりひとりの独自性をひきだし、探究心を旺盛にし、楽しい創造的なダンス体験をもたせる、より確かな手がかりが得られるなら、訳者としての喜びはそれにまさるものはない。〔머리Ⅴ, 본문〕

아이들 한 사람 한 사람의 독자성을 끌어내어 탐구심을 왕성하게 하고 즐겁고 창조적인 댄스체험을 갖게 하는, 보다 확실한 실마리를 얻을 수 있다면 역자로서는 더할 나위 없이 기쁠 것이다.

cf) まさる(勝る·優る) : 낫다, 뛰어나다, 우수하다 [= 他と比べて価値や能力などが上である, すぐれる, ひいでる, excel, be better than, be superior to]

⇨ 何にもまさる喜びだ。
무엇보다 기쁘다.

⇨ 健康は富(とみ)に勝る。
Health is above [better than] wealth.
건강은 부보다 낫다.

⇨ 一日の仕事を終(お)えたあとのよく冷えたビールに勝るものはない。[ニュ和英]
There's nothing like a good cold beer at the end of a day's work.
하루 일을 끝낸 뒤 잘 차가워진 맥주보다 더 나은 것은 없다.

⇨ 彼女は聞きしに勝る美人だった。[プ英]
She was far more beautiful than I had expected.

그녀는 소문에 듣기보다는 미인이었다.

⇨ AはBにまさるとも劣(おと)らない。

A는 B보다 나으면 낫지 못하지는 않다.

⇨ 太郎は兄に勝るとも劣らず利口(りこう)だ。〔ニュ和英〕

Taro is not [no] less clever than his brother.

타로는 형보다 영리하면 영리했지 뒤지지 않는다.

22. 触(ふ)れ合(あ)い : (N) 만남, 상호 접촉함, 마음이 서로 통함 [= 触れ合うこと, 接触(せっしょく), contact, touch]

⇨ 心と心の触れ合いの場(ば)。〔泉〕

마음과 마음이 만나는 장소.

⇨ 親子(おやこ)の触れ合い。

contact [touch] between parent and child.

부모와 자식의 만남.

⇨ 人とのふれあいで新しい価値観(かちかん)を見いだす。

사람과의 만남으로 새로운 가치관을 발견하다.

⇨ 彼らは心の触れ合いを求めてキャンプに来た。

They came to the camp to make friends.

그들은 진정한 만남을 위해 캠프에 왔다.

cf) 触(ふ)れ合(あ)う : 맞닿다, 접촉하다, 서로 통하다 [= 互(たが)いに接触する, 心が

通(つう)じ合(あ)う, touch each other, come in contact with]

⇨ 彼の手と触れ合った。〔プ英〕

My hand touched his.

그의 손과 접촉했다.

⇨ 教育には教師と生徒の心が触れ合うことが一番大切です。〔プ英〕

The most important thing in education is for the teacher and the student to develop rapport.

교육에는 교사와 학생의 마음이 서로 통하는 것이 제일 중요합니다.

23. 切望(せつぼう)する : 갈망하다, 간절히 바라다 [= 心から強く望(のぞ)む, be eager to do, be anxious for, long to do]

⇨ 世界の平和を切望する。

세계평화를 갈망하다.

⇨ 彼女はイギリス留学を切望していた。〔プ英〕

She longed [was eager] to study in England.

그녀가 영국유학을 갈망하고 있었다.

⇨ あなたが幸福に生きていくことを切望している。〔例文〕

당신이 행복하게 살아가기를 갈망하고 있다.

⇨ 長い戦(たたか)いに人々は疲れ、ただ早く戦争の終わる日が来てほしいと<u>切望し</u>ていた。〔例文〕

오랜 전란에 사람들은 지쳐 그저 빠른 시일에 전쟁이 끝나기를 간절히 바라고 있다.

⇨ 彼の帰りを<u>切望し</u>ていた。

I was anxious for his return.

그가 돌아오기를 간절히 바라고 있었다.

24. 抄訳(しょうやく) : 초역 [= 原文(げんぶん)のところどころを抜(ぬ)き出(だ)して翻訳することまたその訳文, an abridged translation ↔ 全訳(ぜんやく)/完訳(かんやく)]

⇨ 児童向(じどうむ)けに<u>抄訳</u>した世界文学全集(ぜんしゅう)。〔泉〕

아동용으로 초역한 세계문학전집.

⇨ 高校に入ってから、古典文学に興味を持って濫読(らんどく)を始める。きっかけは思ひ出せない。最初は<u>抄訳</u>で読んでいたのだがそのうちに岩波古典文学大系に手を出すようになった。英語の授業中に読んでいて怒られた記憶がある。〔yp, ひとりごちる〕

고등학교에 들어와 고전문학에 흥미를 갖고 남독을 시작하다. 계기는 생각나지 않는다. 처음에는 초역으로 읽었지만 그 사이 이와나미 고전문학대계에 손을 대게 되었다. 영어 수업중에 읽어 혼난 기억이 있다.

25. 汲(く)む : (물 등을) 긷다, 푸다, 퍼서 담다, 헤아리다, 짐작하다, 이해하다 [= くみ出す, 推察する, 推量する, 考慮に入れる, 摂取(せっしゅ)する, draw, pump, ladle, understand, guess, take into consideration]

⇨ 彼はバケツで井戸(いど)から水をくんだ。[ニュ和英]

He drew water from the well with a bucket.

그는 물통으로 우물에서 물을 길었다.

⇨ 人が困っているときに助けてあげるのはいいが、その人の気持を良く汲んでからにしないといけない。[例文]

사람이 곤란에 처해 있을 때 도와주는 것은 좋지만, 그 사람의 기분을 잘 헤아리고 나서 해야 한다.

⇨ 訳を聞いてみるといちいちもっともなので、事情(じじょう)を汲んで許してやった。[例文]

사정을 들어 보면 일일이 맞는 말이기 때문에 사정을 보아 용서해 주었다.

⇨ 芭蕉(ばしょう)の句は汲めども尽(つ)きぬ味わいがある。[プ英]

You can read Basho's poetry over and over without ever exhausting its appeal.

바쇼의 시구는 몇 번이고 음미해도 질리지 않는 맛이 있다.

cf) ~の流(なが)れを汲む : (사상·계파 등)의 흐름을 이어받다

⇨ カントの流れを汲む学派(がくは)。

칸트 사상의 흐름을 이어받은 학파.

⇨ 彼は宝生流(ほうしょうりゅう)の流れを汲む能楽師(のうがくし)だ。[プ英]

He is a Noh actor trained in the Hosho style.

그는 호우쇼류가 유파의 흐름을 이어받는 가면극 연예인이다.

26. ~て止(や)まない : 어디까지나~하다, ~해 마지 않다 (= どこまでも~する, ~しないではいられない, earnestly)

⇨ 成功(せいこう)を期待(きたい)して止まない。

어디까지나 성공을 진정으로 기대한다.

⇨ あの人は私が尊敬してやまない政治家です。[プ英]

He is a politician whom I deeply respect.

그 사람은 내가 존경해 마지않는 정치가입니다.

⇨ あなたのご健康を祈(いの)ってやみません。

당신의 건강을 진심으로 기원한다.

⇨ 彼の一日(いちにち)も早い回復(かいふく)を祈って止まない。

I pray earnestly for his quick recovery.
그가 하루라도 빠른 회복이 있기를 진정으로 기원해 마지않는다.

27. 足繁(あし-しげ)く : (부) 자주, 빈번하게, 뻔질나게 [= たびたび行くさま, 同じところへしばしば行くさま, 頻繁(ひんぱん)に, frequently]

⇨ 治療(ちりょう)に<u>足繁く</u>通う。
치료하기 위해 자주 다닌다.

⇨ 二人は初対面(しょたいめん)からすっかり気があって、お互いに<u>足繁く</u>通うようになった。〔例文〕
두 사람은 첫 대면부터 완전히 마음이 맞아서 서로 자주 왕래하게 되었다.

⇨ 父は中年太(ちゅうねんぶと)りを気にしてか、トレーニングジムに<u>足繁く</u>通っている。〔例文〕
아버지는 중년비만을 걱정한 탓인지 헬스장을 빈번하게 다니고 있다.

⇨ 彼女のもとに若い男が<u>足しげく</u>通っていた。〔プ英〕
A young man often visited her house.
그녀의 집에 젊은 남자가 뻔질나게 들락거리고 있었다.

28. はげましはげます : (5단) 더욱 격려를 하다

⇨ 終りに、足繁くはこび、遅れがちな仕事を<u>はげましはげまし</u>

て下さった大修館書店編集部、高野整、小高みどり、細川研一の三氏に厚く御礼を申上げたい。〔머리V, 본문〕
마지막으로, 자주 찾아주시면서 늦장부리는 일에 더욱 격려해 주신 다이슈칸 서점 편집부 다카노 세이, 고다카 미도리, 호소가와 겐이치 세분에게 깊은 감사를 드리고 싶다.

cf) 励(はげ)ます : (5단) 격려하다, 북돋워 주다 [= 力づける, 元気づける, 強める, encourage a person to do, cheer up]

⇨ 研究を続けるよう彼を励ました。〔プ英〕
I encouraged him to continue his research.
연구를 계속하도록 그를 격려했다.

⇨ 君が来てくれれば病人は励まされると思う。〔プ英〕
I think a visit from you would cheer the patient up.
네가 와 준다면 환자는 힘이 날 것이다.

⇨ 雄大(ゆうだい)なその姿(すがた)、四季折々(しきおりおり)にさまざまな表情(ひょうじょう)で私たちのこころをはげましてくれるのが富士山である。〔yp, 富士山〕
웅대한 후지산의 자태, 사계절마다 다양한 모습으로 우리의 마음을 북돋워주는 것이 후지산이다.

머리말본문 번역

역자 후기

원 저서 Dance in Elementary Education(1963년판)은, 원 저자 루스·마레이가 초판 출판(1953)에서 10년, 이 재판의 출판까지 10년으로, 오랜 시일에 걸친 노력을 기울여 완성된 것이다. 역자가 본서에 끌린 직접적인 동기는, 원저자 루스·마레이가 서문 속에서 1955년 영국 문부성의 루스·포스터에 의해 개최된 초등학교 체육 워크숍에 참석하여, 영국의 운동교육의 이념과 방법에 관하여 계발, 설명하고 있는 것을 알고 난 때부터였다. 세계의 모던댄스의 선구로서 오늘날 미국의 무용 문화, 게다가 무용의 가치에 대한 다면적이고 세밀한 분석적 연구를 이끌어 내고 있는, 오늘의 미국 각 대학의 무용연구, 이러한 자국의 문화와 연구·교육의 발전을 배경에 두면서, 루스·마레이가 영국의 자주창조성의 교육을 어떻게 관찰하였는지 각별한 흥미를 느꼈다.

더욱이 또 하나의 동기는, 본서를 접한 사람들이라면 누구라도 놀랄 뿐 아니라, 실로 풍부하고 치밀한 내용 — 실증적인 결과가 보이는 극명한 내용 구성에 끌렸기 때문이기도 했다. 소위 말하는 무용 창작의 원리라고 하는 미적 규범의 측면과 발전해 가는 아이들의 자주 창조성이라는 생명 발동의 측면에서 어떻게 맞물려 가는가 하는, 교육의 기본적 문제에 대한 루스· 마레이의 연구방법을 보고 싶었기 때문이기도 했다.

루스·마레이는 댄스의 학습내용을, 운동의 탐구, 댄스 독자적 기능의 습득, 댄스를 창조하는 영역과 배우는 영역으로 나누어, 운동과 리듬의 탐구를 재미있고 생생하게 경험하게 하는 것을 기반으로 하면서, 최종적인 목표, 자기 스스로의 댄스를 만들어 연출한다는 표현의 깊은 기쁨과 만족으로 이끄는 방법론을 체계화하고 있다.

이 역작의 최대 특징은, 인간의 마음운동과 신체운동, 그 내면과 외면과의 사이의 긴밀한 흐름을 인정하고, 마음과 신체의 상호관계를 잃어버리지 않고, 학습내용의 체계를 세워 창작의 방법론을 새로이 만들어 냈다는 점에 있다고 본다. 하나하나의 실증적인 근거를 가진 예시에서는, 저자의 아이와 무용에 대한 남다른 사랑이 나타나 있다. 애착심 없이는 할 수 없을 것 같은 자세하고 꼼꼼한 입문서 — 그 주옥같은 사례는, 본서를 접한 모든 사람들에게 교육자로서의 자기스스로를 돌이켜 보게 하고 채찍질까지도 받을 것임에 틀림없다.

뒤돌아보면 무용창작의 방법론이 세워져 가르치게 된 것은, 1930년대이며 일본의 학교 교육에 있어서는 공적으로 1947년 제2차 대전 이후의 일이다. 다른 예술 영역에 비교하여 아직도 명확하게 되어 있지 않음을 알 수 있을 것이다. 소집단 학습으로서, 학습방법 측면에서 일반화한 일본의 창작댄스가, 오늘날 그 학습 내용을 보다 명확하게 하는데 루스·마레이의 역작은, 우리들에게 틀림없이 큰 시사를 줄 것이다. 마레이가 미국의 무용교육을 위해 영국을 본 것 같이 우리들은, 일본의 역사적 과정 속에서 일본의 아이들을 주시하고 그 마음과 신체의 표현 — 율동적 운동에 의한 자기표현을 풍부하게 경험하기 위해, 마레이의 저작을 보고 싶은 것이다.

일본의 창작댄스의 흐름 20수년을 회고하면서, 이 역서에서 아이들 한 사람 한 사람의 독자성을 끌어내어 탐구심을 왕성하게 하고 즐겁고 창조적인 댄스체험을 갖게 하는, 보다 확실한 실마리를 얻을 수 있다면 역자로서는 더할 나위 없이 기쁠 것이다. 동시에 한 사람 한 사람의 교사가, 무용교육의 가치와 방법을 계발하여 교사와 아이들과의 즐거운 마음의 만남이 실현된다면, 그것이야말로 원 저자 마레이가 바라는 바일 것이다. 역자도 또한 그것을 간절히 바라는 것이다.

번역문에 관해서는, 극명한 원저를 그대로 전하고 싶다고 생각했기 때문에 일부를 번역하지 않고 아예 전문을 번역했다. 페이지 수 관계로 활자 크기를 줄이는 방법을 역자가 했다. 불비한 점 그리고 역자의 좁은 식견을 이해해 주시면서 원저자의 뜻을 헤아려 줄 수 있기를 바라마지 않는다.

마지막으로, 자주 찾아주시면서 늦장부리는 일에 더욱 격려해 주신 다이슈칸 서점 편집부 다카노 세이, 고다카 미도리, 호소가와 겐이치 세분에게 깊은 감사를 드리고 싶다.

1974년 1월 역자

제7장

高度技術社会と人の行き方

東京大学の「赤門」。この大学の代名詞となったこの門は、1827年建てられた。東京都文京区本郷にあり、現在は重要文化財に指定されている。

「開かれた大学」を目指しているアーチ型の人文館。(東京大学)

《제7장》

출전

森　亘(もりわたる), 東京大学公開講座 43、『高度技術社会と人の行き方』、1986年 6月、東京大学出版会

(도서청구번호 : 600 삼16ㄱ)

머리말 본문

序

社会における大学というものの存在、意義などは、必ずしも一定不変でなく、むしろ時代と共にある程度は変わってゆくもののようである。そして最近では、社会に向って開かれた大学というのが、一つのはやり言葉[1)]にさえなっている。これには、おそらく、二つの意味が含まれているのであろう。まずは教育についてであり、その次は研究に関する事柄とも[2)]言うべきであろうか。

以前に比べると、国民の中で大学に進む若者の割合は著しく[3)]増加した。何倍にも、何十倍にも達している。しかしそれでもまだ不十分で、大学に進まなかった人、またはかつて大学に学んだ人が、その後なお大学で、あるいは基礎的な、あるいは最新の話をききたいと望む場合が少なくない。いや[4)]むしろ、時によっては、これらの人々の方が正規の学生よりも遥かに[5)]熱心ですらある。[6)]このような人々に対して、大学は、出来る限りの広い門戸を開いて[7)]おく必要があろう。

一方、近時における研究の発展、および多様化は、経済事情を含めた社会情勢の変化とも相俟って、[8)]研究面における大学の絶対優位を覆そうとしている。[9)]いや、一部では既にそうなっているといるというのが正直であろう。勿論、国全体から眺めるならば、それはまたそれで良いことであって、少なくとも部分的には当然の帰結とさえ理解できる。ただこの場合、大学と社会との間には以前にも増して、より良き連絡、協調を必要とするであろう。

東京大学公開講座は、考えようによれば至って[10)]ささやかなものである。しかしそれにしても、前に記した二つの点、教育と研究の両面において、大学を社会に向って開かれたものとする上で多少とも役立っていると考えられ、大学側としてもそれなりの意義を感じている行事の一つである。その公開講座も、このたび第六四回を数えるに至った。今回は有馬朗人理学部長のお骨折りで、[11)]「高度技術社会と人の生き方」というテーマの下に、文系理系[12)]各方面から、大変興味深い話題が寄せられた。一通り拝見して、[13]これぞ[14]総合大学と感じたものである。

公開講座に参加された方々には、この記録が一つのしめくくり[15]として役立つ、あるいは思い出として残るように、また実際には参加されなかった方々にとっても、この書物が一つの肩のこらない、[16]しかし最近の情勢、知識を伝えるものとして、何れも意義深く迎えられることを期待している。この書物がこうして出来上がるまでにはいろいろ御苦労があったものと思われるが、そこに捧げられた[17]多くの御努力に対し、関係者御一同に深い敬意と感謝を申し述べる[18]次第である。

1986年 4月　東京大学総長　　森　亙

한자의 読み方

高度(こうど) : 고도
序(じょ) : 서문, 머리말
意義(いぎ) : 의의
共(とも)に : 더불어, 함께
割合(わりあい) : 비율
何倍(なんばい) : 몇 배
基礎的(きそてき) : 기초적
熱心(ねっしん) : 열심
門戸(もんこ) : 문호
多様化(たようか) : 다양화
含(ふく)める : 포함하다
相俟(あいま)って : 더불어
覆(くつがえ)す : 뒤엎다
勿論(もちろん) : 물론
帰結(きけつ) : 귀결, 가정해서 내린 결론
協調(きょうちょう) : 협조
両面(りょうめん) : 양면
行事(ぎょうじ) : 행사
至(いた)る : 이르다
寄(よ)せる : 불러 모으다
拝見(はいけん)する : 보다 (겸양어)
思(おも)い出(で) : 추억
御苦労(ごくろう) : 노고, 고생 (존경어)
御一同(ごいちどう) : 일동 (존경어)

行(ゆ)き方(かた) : 삶의 방식
存在(そんざい) : 존재
一定不変(いっていふへん) : 일정불변
事柄(ことがら) : 일, 사항, 형편
増加(ぞうか)する : 증가하다
不十分(ふじゅうぶん) : 불충분, 부족
正規(せいき) : 비율
出来(でき)る限(かぎ)り : 가능한 한
近時(きんじ) : 최근, 요즘
事情(じじょう) : 사정
情勢(じょうせい) : 정세
優位(ゆうい) : 우위
既(すで)に : 이미
眺(なが)める : 바라보다
より良(よ)き : 보다 나은(= よりよい)
公開講座(こうかいこうざ) : 공개강좌
多少(たしょう) : 다소
数(かぞ)える : 헤아리다, 계산하다
骨折(ほねお)り : 수고, 고생
一通(ひととお)り : 대충, 대강
総合(そうごう) : 종합
敬意(けいい) : 경의
次第(しだい) : 순서, 이유, 사정

주해

1. 流行(はや)り言葉(ことば) : 유행어 [= ある時期世間(せけん)の人々が好(この)んで用いる言葉, 流行語(りゅうこうご), a vogue word(phrase)]

⇨ これは、今の子供たちが大人になったときには、はやり言葉になっているかもしれません。〔yp, ことば〕

이것은 지금의 아이들이 어른이 되었을 때에는 유행어가 되어 있을지도 모릅니다.

⇨ 現代社会では、何だかはやり言葉みたいに「ストレス」という言葉がよく使われています。ところでストレスってどういう意味なんでしょう？〔yp, ストレスを考える〕

현대 사회에서는, 어쩐지 유행어같이 「스트레스」라는 말이 잘 사용되고 있습니다. 그래서 스트레스는 어떤 의미일까요?

2. 事柄(ことがら) : 사물의 내용, 사정, 사항 [= 物事(ものごと)の内容·ようすまた物事そのもの, 事実, 事情, a matter, an affair, circumstances]

⇨ 政治に関する事柄。political matters [affairs].

정치에 관한 내용.

⇨ 見聞(けんぶん)したさまざまな事柄。

보고 들은 여러 가지 내용.

⇨ だれも知らない事柄。

아무도 모르는 일(사정).

⇨ 新企画(しんきかく)に関する極秘(ごくひ)の事柄。〔泉〕

신 기획에 관한 극비의 사항.

⇨ 暮(く)らしの中のさまざまな事柄についてのブログ。〔yp〕

생활 속에 다양한 사항에 대한 블로그.

3. 著(いちじる)しい : 주목할 만하다, 눈에 띠다, 현저하다, 인상적이다 [= 注目に値(あたい)する, 際立(きわだ)った, 印象的(いんしょうてき)だ, remarkable, marked, noticeable, striking]

⇨ 文壇(ぶんだん)も新旧交代(しんきゅうこうたい)が目覚しく、新人(しんじん)の台頭(たいとう)著しいものがある。〔例文〕

문단도 신구 교대가 뚜렷해 신인 등장이 주목할 만하다.

⇨ 台風のため、北九州一帯(いったい)は、農作物(のうさくぶつ)に著しい被害(ひがい)を受けた。

태풍 때문에 키타큐슈 일대는 농작물이 눈에 띄게 피해를 입었다.

⇨ これは女性差別(じょせいさべつ)の著しい例である。

This is a conspicuous example of discrimination against women.

이것은 여성 차별의 현저한 예이다.

⇨ 男の子も女の子も、中学生になると心身(しんしん)ともに著しく成長します。

남자아이도 여자아이도 중학생이 되면 심신이 모두 현저하게 성장합니다.

⇨ その視覚効果(しかくこうか)は著しかった。〔ニュ和英〕

The visual effect was striking.

그 시각 효과는 인상적이었다.

4. いや : (감탄) 아니, 아이고, 정확하게 말하면 [= 否定の返事(no, uh-uh), 驚き·嘆息など(oh, well, oh dear), 言い直し(それどころか, いや正確に言えば, or rather)]

⇨ 「近い将来に、大地震があるだろうか」「いや、あるまい」〔LD〕-- 否定の返事

「가까운 장래에 대지진이 있을까?」「아니, 없을 거야」

⇨ いや、驚いた。Good heavens! -- 驚き

아이고, 맙소사!

⇨ 「いや！忘れずに犬にえさをやった？」「いや、やらなかった。君がやると思ってたもの」〔ニュ和英〕-- 嘆息

"Uh-oh! Did you remember to feed the dog?"

"No, I didn't. I thought you were going to feed him."

「아니! 개한테 먹이 잊지 않고 주었어?」「아니, 안 줬어. 네가 줄 거라 생각했는데」

⇨ 彼は88歳で死んだんだ、いやたぶん90だった。〔ニュ和英〕 -- 言い直し

He died at (the age of) 88, well 90 perhaps.

그는 88세에 죽었어. 아니 아마도 90살이었을걸.

⇨ 彼は日本、いや世界一流の作家だ。〔ニュ和英〕 -- 言い直し

He is one of the best writers of Japan, even, of the world.

그는 일본, 정확히 말하면 세계 제일의 작가야.

⇨ 彼は同意(どうい)した。いやむしろ反対したというわけではなかった。〔ニュ和英〕 -- 言い直し

He agreed, or rather he didn't oppose.

그는 동의했지. 아니 오히려 반대한 게 아니었어.

cf) 嫌(いや)だ：(Av) 싫다

⇨ ピーマンを食べるのだけはどうしてもいやだ。〔例文〕

피망 먹기란 도저히 싫어.

⇨ 今(いま)さらいやだと言(い)えない。

이제 와서 싫다고는 할 수 없다.

⇨ 月日(つきひ)がたつにつれて、いやなことは忘れてしまいました。〔用例〕

세월은 흘러 싫은 일들은 잊어버렸죠

5. 遥(はる)かだ : (Av) (거리·시간·정도) 멀리 떨어져 있다, 아득하다, 훨씬~하다 [= 遠い, 距離や時間や程度が非常にとおくはなれているようす, 어간 「遥か」만으로도 다용, far, in the (far) distance, much]

⇨ 遥かに富士山が眺(なが)められる。〔用例〕-- 거리
멀리 후지 산이 보인다.

⇨ はるかかなたに稲妻(いなずま)が光るのが見えた。〔ニュ和英〕-- 거리
I saw a flash of lightning far away.
멀리 번개가 치는 것이 보였다.

⇨ アインシュタインは時代のはるか先を行く人でした。〔ニュ和英〕-- 시간
Einstein was far ahead [in advance] of his time.
아인슈타인은 시대를 훨씬 먼저 가는 사람이었습니다.

⇨ アルバムを見終(みお)わった祖父(そふ)は、はるかな昔を思っているのか、じっと目をとじたままだった。〔例文〕-- 시간
앨범을 다 본 할아버지는 먼 옛날을 생각하고 있는지 가만히 눈을 감은 채 있었다.

⇨ 二人のうちでは彼女の方がはるかに若い。〔ニュ和英〕-- 정도

She is by far the younger of the two.

두 사람 중에서 그녀 쪽이 훨씬 젊었다.

⇨ 今年の初もうでは、去年をはるかにしのぐ人出(ひとで)になりそうだ。〔例文〕-- 정도

올 새해 참배에는 작년을 훨씬 능가하는 나들이 인파가 될 것 같습니다.

6. ～すら : ～조차, ～까지 [= 極端(きょくたん)な事を例としてあげ他を類推(るいすい)させる意 (～さえ, ～でも, ～でさえ), 考えられないまたはあってはならないようなことが起こる意 (～でも, ～なのに)]

⇨ ガスどころか水道すらないような不便な所です。〔用例〕

가스는 커녕 수도조차 없는 불편한 장소입니다.

⇨ 電車が込(こ)んでいて、まっすぐ立っていることすら出来ませんでした。

전차가 붐벼 똑바로 서 있는 것조차도 불가능했습니다.

⇨ 昔は小学校へすら行かせてもらえない子供がおおぜいいました。〔用例〕

옛날에는 초등학교조차 갈 수 없었던 아이들이 많았습니다.

⇨ あの人は朝寝坊(あさねぼう)で、試験の時ですら遅刻(ちこく)しました。

저 사람은 늦잠을 자서 시험 때에도 지각했습니다.

7. 門戸(もんこ)を開(ひら)く : 문호를 개방하다 [= open one's doors]

⇨ 諸外国(しょがいこく)に門戸を開く。〔ニュ和英〕

open one's doors to foreign countries.

모든 외국에 문호를 개방하다.

⇨ 連盟(れんめい)が選んだ棋士(きし)6人と対局(たいきょく)し、3勝(しょう)すれば合格(ごうかく)、4敗(はい)すれば不合格(ふごうかく)という条件(じょうけん)です。プロへの門戸を開く試験の実施(じっし)は61年ぶりです。

〔yp, 将棋プロ試験〕

연맹이 선정한 기사 6명과 대국하며 3승하면 합격, 4패하면 불합격이라는 조건입니다. 프로로의 문호를 개방하는 시험실시는 61년만입니다.

8. 相俟(あいま)って : (~와) 서로 어울려서, 서로 힘입어, 더불어 [= いっしょになって, coupled with, combined, together]

⇨ 形の鼻がしろい皮膚(ひふ)と相俟ってなかなかの美貌(びぼう)を表す。

잘 생긴 코가 하얀 살결과 어울려 상당한 미모를 자아낸다.

⇨ 彼の語学力(ごがくりょく)と仕事の技術(ぎじゅつ)が相まって(= いっしょになって)その計画は成功した。〔ニュ和英〕

His language ability and his business skills

together made the project a success.
그의 어학력과 사업의 수완이 서로 어울려 그 계획은 성공했다.

⇨ 忍耐力(にんたいりょく)と体力が<u>相まって</u>彼は名ピッチャーになった。〔プ英〕
His physical strength and perseverance combined made him a fine pitcher.
인내력과 체력이 서로 합쳐져 그는 유명한 투수가 됐다.

9. 覆(くつがえ)す : 뒤엎다, 뒤 짚다, 전복시키다, 근본부터 부정하다 [= 引(ひ)っくり返(かえ)す, 打(う)ち倒(たお)す, 根本(こんぽん)から否定(ひてい)する, overturn, capsize]

⇨ 定説(ていせつ)を<u>覆す</u>。〔プ英〕
disprove an established theory
정설을 뒤엎다.

⇨ 最高裁(さいこうさい)は高裁の判決(はんけつ)を<u>覆した</u>。〔プ英〕
The Supreme Court overturned the decision of the High [District] Court.
최고재판소는 고등 법원의 판결을 뒤집었다.

⇨ 政権(せいけん)を<u>覆す</u>。
overthrow [overturn] a government

정권을 전복시키다.

⇨ 車は群衆(ぐんしゅう)に覆された。

The car was overturned by the mob.

차는 군중들에 의하여 전복되었다.

10. 考えようによれば至って： 생각하기에 따라

⇨ 東京大学公開講座は、考えようによれば至ってささやかなものである。〔머리V, 본문〕

도쿄대학의 공개강좌는 생각하기에 따라서는 보잘 것 없을 것이다.

cf) ～ようによれば ： ～하기에 따라서

⇨ 人の失敗談(しっぱいだん)も受け取りようによれば、忠告(ちゅうこく)として耳を傾(かたむ)けるのもいいかも知れません。〔yp〕

다른 사람의 실패담도 받아들이기에 따라서, 충고로서 귀를 기울이는 것도 좋을지 모릅니다.

⇨ 使いようによれば、おしゃれかも知れない。〔yp〕

사용하기에 따라서 멋일지도 모른다.

11. 骨折(ほねおり) : 수고, 고생, 노력 [= 苦労(くろう), つらい労働(ろうどう), 労力(ろうりょく), 尽力(じんりょく), trouble, pains, labor,

effort, service]

⇨ 一つお骨折り願(ねが)えませんか。〔ニュ和英〕

Could I ask you to do something for me?

뭐하나 부탁해도 되겠습니까?

⇨ 彼は私たちのためにその切符を手に入れようと大変な骨折りをしてくれた。〔プ英〕

He had a lot of trouble getting the tickets for us.

그는 우리들을 위하여 그 표를 구하려고 대단한 수고를 해 주었다.

⇨ いろいろ私のためにお骨折りくださり有り難うございました。〔ニュ和英〕

Thank you very much for all the trouble you have taken for me.

여러모로 저를 위해 수고해주셔서 감사합니다.

⇨ 骨折り損(ぞん)の草臥(くたびれ)儲(もう)け。(= 苦労しても疲れるだけで、少しも成果が上がらないこと)〔ことわざ〕

a lot of trouble for nothing／Great pains but all in vain／Much pains, no gains.

고생은 했지만 피곤할 뿐 조금도 성과가 없다.

⇨ その仕事はきつかったが骨折りがいがあった。〔プ英〕

The work was really hard but it was worth the trouble.

그 일은 정말로 힘들었지만 노력의 가치가 있었다.

12. 文系理系(ぶんけい-りけい) : 문과계 이과계, 문과 이과 [= 文科系 理科系, the humanities course and the science course]

⇨ <u>文系理系</u>という分け方以外にも、自然科学、社会科学、人文科学という3分割(ぶんかつ)がある。<u>文系理系</u>の分け方に照(て)らし合(あ)わせれば、自然科学が理系に、社会科学と人文科学が文系に属(ぞく)する。〔yp, 思考方法〕

문과 이과라는 분류방법 이외에도 자연과학·사회과학·인문과학이라는 3 분할 방법이 있다. 문과 이과 분류로 맞추어보면, 자연과학은 이과로, 사회과학·인문과학은 문과에 속한다.

⇨ 彼は大学は<u>文系</u>に進むことにしている。〔ニュ和英〕

He is going to take the humanities course [study the humanities] in college.

그는 대학은 문과로 가려고 한다.

⇨ <u>理系</u>の大学生。 a college student majoring in science). 이과계 대학생

<u>理系</u>の大学。 a college of science. 이과계 대학

13. 拝見(はいけん)する : (겸양) 보다 [= 見ることをへりくだっていう語, 謹(つつし)んで見る, 手に取って見る, 見る, see, look at]

⇨ 切符を<u>拝見し</u>ます。Tickets, please.

표 좀 보겠습니다.

⇨ 免許証(めんきょしょう)を<u>拝見さ</u>せてください。〔プ英〕

Show me your driver's license.

면허증 좀 보여주세요.

⇨ お手紙とても楽(たの)しく<u>拝見し</u>ました。(= 読みました)

I really enjoyed reading your letter.

당신의 편지 매우 재미있게 읽었습니다.

⇨ その医者は「では肺(はい)を<u>拝見し</u>ましょう」と言って私の手を取った。〔例文〕

그 의사는 「자 그럼, 폐를 볼까요」라고 말하며 나의 손을 잡았다.

14. ～ぞ : (종조) (혼잣말로) <u>스스로</u>에게 다짐함 (～구나, ～테다), (대등한 사람이나 아랫사람에게) 자기 생각을 강하게 주장 (～이야, ～거야), 추측의 조동사 「う」 「よう」에 접속하여 反語를 표시 (～하랴) -- 名詞·活用語의 終止形·断定의 助動詞 「じゃ」 「だ」에 접속.

⇨ うまくいった<u>ぞ</u>。

잘 되었구나.

⇨ 今度こそやる<u>ぞ</u>。

이번에야 할 테다.

⇨ しっかり勉強するんだ<u>ぞ</u>。

열심히 공부해야 된단 말이야.

⇨ これからは私の言う通りにするんだぞ。[プ英]

From now on you be sure you do what I say!

이제부터 내가 말하는 대로 하는 거야!

⇨ だれが納得(なっとく)しようぞ。

누가 납득하랴.

⇨ だれがこの偉業(いぎょう)を成(な)し遂(と)げられようぞ。

누가 이 위업을 해낼 수 있으랴.

15. 締(し)めくくる : 단단히 묶다, 단속하다, 결말을 짓다, 매듭을 짓다 [= 縛(しば)る, 取り締まりをする, 終わりにする, bind up, finish. 명사형 締めくくり=마무리]

⇨ 捕虜(ほりょ)の手足(てあし)を締めくくる。

bind a captive hand and foot.

포로의 손발을 단단히 묶다.

⇨ 船長(せんちょう)は船と乗組員(のりくみいん)を締めくくった。

선장은 배와 선원을 단속했다.

⇨ 彼は聖書(せいしょ)の一節(いっせつ)を引いて話をしめくくった。[プ英]

He ended his speech with a quotation from the Bible.

그는 성서의 한 구절을 인용하여 결말을 지었다.

⇨ みんなに感謝してスピーチを締めくくった。(= 終える)

〔ニュ和英〕

finish one's speech by thanking everybody.

모두에게 감사를 하고 연설을 끝냈다.

⇨ 今年の年末(ねんまつ)の締めくくり。〔yp〕

올해 연말의 마무리.

⇨ 討論の後で締めくくりをすると、内容の整理(せいり)ができます。

토론 후에 마무리를 하면 내용의 정리를 할 수 있습니다.

16. 肩(かた)が凝(こ)る : 어깨가 딱딱하다, 부담되다, 불편하다 [= 血行(けっこう)が悪くて筋肉(きんにく)が張(は)ってかたくなる, 負担(ふたん)になる, feel uncomfortable]

⇨ 気苦労(きぐろう)で肩が凝っています。〔ニュ和英〕

My shoulders are [neck is] stiff from worrying.

근심 걱정으로 어께가 딱딱해 졌습니다.

⇨ 格調(かくちょう)高い演劇(えんげき)もいいが、たまには肩の凝らないドタバタ喜劇(きげき)もいいのです。〔例文〕

격조 높은 연극도 좋지만 때로는 부담 없는 왁자지껄한 희극도 좋습니다.

⇨ あの人と話をしていると肩が凝る。〔プ英〕

I feel uncomfortable when I am talking with him.

저 사람과 이야기하고 있으면 부담스럽다.

cf) 凝(こ)る : 딱딱하다, 열중하다, 공들이다, 화려하다, 매우 수사적이다 [= 筋肉が固くなる, 熱中(ねっちゅう)する, 工夫(くふう)する, 工夫をこらす, become stiff, be absorbed in, be crazy, enthusiastic, elaborate]

⇨ 肩が凝った。

I have a stiff neck.

어깨가 딱딱하다.

⇨ 彼らはロックミュージックに凝っている。

They are crazy about rock music.

그들은 록 음악에 열중하고 있다.

⇨ 彼は凝り性(しょう)だ。(= 熱中する人)〔ニュ和英〕

He really gets into things. (= a perfectionist, an enthusiast)

그는 한가지 일에 집착하는 사람이다.

⇨ あの学生は政治運動に凝っている。〔プ英〕

That student has plunged into political activities.

그 학생은 정치운동에 열중하고 있다.

⇨ 凝った(= 装飾をこらした)家具。〔ニュ和英〕

fancy [elaborate] furniture.

의장에 공들인 가구.

⇨ 凝った文章(ぶんしょう)。
an elaborate [ornate] sentence.
문체가 화려한(매우 수사적인) 문장.

17. 捧(ささ)げる : (양손으로) 높이 받들다, 바치다, 올리다, 헌증하다 [= 高く上げる, 神·目上の人に献(けん)じる, 本などを献呈(けんてい)する, (生命·努力·時間などを)犠牲(ぎせい)にする, hold up, hold a thing high, offer, dedicate to, sacrifice, devote]

⇨ 両手(りょうて)を捧げる。hold up both hands.
양손을 높이 받들다.

⇨ 神に平和への祈りをささげる。〔プ英〕
pray [offer a prayer] to God for peace.
신에게 평화가 오기를 받들다.

⇨ 霊前(れいぜん)に花をささげる。
offer flowers on the altar in memory of the deceased.
영전에 꽃을 바치다.

⇨ 国のために命をささげる。
give [sacrifice] one's life for one's country.
나라를 위하여 생명을 바치다.

⇨ 医学に一生をささげる。

devote one's life to medicine.

의학에 한평생을 바치다.

⇨ 彼は著書を友(の霊)に捧げた。(= 献呈した) 〔ニュ和英〕

He dedicated his book to his friend.

그는 저서를 친구에게 헌정하다.

18. 申(もう)し述(の)べる : 말씀드리다, 언급하다, 말하다 [=「言い述べる」의 겸양어, 申し上げる, state, mention]

⇨ 所信(しょしん)を申し述べたいと存じます。〔泉〕

소신을 말씀드리고 싶습니다.

⇨ 事の次第(しだい)を申し述べる。〔林〕

일의 순서를 말씀드리다.

⇨ 内容について具体的に申し述べる段階にない。〔yp〕

내용에 대해서 구체적으로 언급할 단계에 있지 않다.

⇨ 次に、以上申し述べた事実以外、事実に関する捜査(そうさ)結果について申し述べる。〔yp〕

다음으로 이상 언급한 사실 이외에 사실에 대한 조사결과에 대해서 말씀드리다.

머리말본문 번역

서문

사회에 있어서 대학이라고 하는 존재, 의미 등은 항상 고정불변의 상태가 아니라, 오히려 시대와 더불어 어느 정도는 변해가는 것 같다. 그리고 최근에는 사회를 향한 열린 대학이라고 하는 것이 하나의 유행어로까지 되고 있다. 여기에는 아마 두 가지의 뜻이 포함되어 있을 것이다. 우선은 교육에 관한 것이며, 그 다음은 연구에 관한 사항이라 해야 하지 않을까?

이전과 비교하면 국민들 중에서 대학에 진학하는 젊은이의 비율은 현저히 증가했다. 몇 배나 아니 몇 십 배에 이르고 있다. 그러나 그것도 아직 충분하지 못해서 대학에 진학하지 않았던 사람, 또는 옛날 대학에서 공부한 사람이 그 후 다시 대학에서, 또는 기초적이고 때로는 최신 정보를 듣고 싶다고 희망하는 경우가 적지 않다. 아니 오히려 때에 따라서는 이러한 사람들 쪽이 정규 대학생보다 훨씬 열심히 한다. 이러한 사람들에 대해서 대학은 가능한 한 넓은 문호를 개방해 둘 필요가 있을 것이다.

한편, 최근에 있어서 연구의 발전 및 다양화는 경제사

정을 포함한 사회정세의 변화와 더불어 연구면에 있어서 대학이 절대 우위를 차지하려 하고 있다. 아니 일부에서는 이미 그렇게 되어 있다고 말하는 것이 솔직할 것이다. 물론 국가 전체로 보면 그것은 그 나름대로 좋은 일이며, 적어도 부분적으로는 당연한 귀결로도 이해할 수 있다. 단지 이 경우, 대학과 사회와의 사이에는 이전보다 많아져서 보다 나은 연락과 협조를 필요로 할 것이다.

도쿄대학의 공개강좌는 생각하기에 따라서는 보잘 것 없을 것이다. 그렇지만 앞서 말한 두 가지 관점, 교육과 연구의 양쪽에 있어서 대학을 사회를 향해 개방하려는 면에서는 다소 도움이 되고 있다고 생각되며, 대학 측에서도 그 나름대로의 의의를 갖는 행사의 하나이다. 그 공개강좌도, 이번에 제 64회를 맞이하게 됐다. 이번 강좌는 아리마 요시토 이학부장의 도움으로 「고도 기술사회와 인간의 삶의 방식」이라고 하는 테마 아래서, 문과계와 이공계의 각 방면에서 꽤 흥미 있는 화제를 불러 모았다. 정말이지 종합대학이라는 느낌이 들었다.

공개강좌에 참가하신 분들에게는 이 기록이 하나의 해결책으로서 도움이 되며 추억으로 남길 수 있도록 하였으며, 또한 실제 참가하시지 않았던 분들에게도 이 책이 하나의 부담 없이 읽을 수 있는 것으로 그러나 최근의 정세와 지식을 전하는 것으로서 무엇보다도 의미 있게 받아들여질 것으로 기대한다. 이 책이 이렇게 완성되기까지는 여러 가지로 어려움이 있었다고 생각하는데, 거기에 심혈을 기울이신 많은 노고에 대해 관계자 여러분에게 깊은 경의와 감사를 드리는 바이다.

1986년 4월

도쿄대학 총장　모리 와타루

제8장

日本人の無常観

古代インド北西部ガンダーラで発掘された釈迦像(しゃかぞう)。

仏陀(ぶつだ)の涅槃(ねはん)

《제8장》

출전

本田義憲(ほんだぎけん)、NHKブックス66、『日本人の無常観』、改本装、日本放送出版協会、1968, 1刷

(도서청구번호 : 390.0953 본74 ㅇ)

머리말 본문

はしがき

すべてのものはうつりかわる。[1]人々よ、[2]おのおの[3]の生に精進せよ。

仏陀はその大いなる[4]死にのぞんで、[5]その親しい人々に、このように語りのこしたという。[6]仏陀の語るところによれば、ものすべてうつりかわるということは、人間の存在の意味についての明晳な[7]認識であって、そのものすべてうつりかわることのゆえに[8]人生は苦悩であるとしても、その苦悩の底を見きわめて[9]それをひらき、深いあかるみをみずからの在り方で[10]生み出しながら、その生をゆたかにすべきことをいうのである。それは、「万物は流転する」という古代ギリシャの思想家の、おそらくは多分に自然哲学的であろう発想と全くは同じくはなく、[11]また、かの[12]ルバイヤートの詩人の厭世主義にとどまる[13]ものでもなかったのである。しかし、やがて、「無常」とか、「諸行無常」とか漢訳せられて[14]日本に入ってきた言葉に、もし固定観念めいた[15]何らかの滓が[16]沈んでいるとすれば、それは、中国を経由して日本に入り、そして日本で展開した仏教の歴史を通じての理由があるのであり、また、その固定観念を打破しようとしない[17]近代日本知識階級の在り方を通じての理由があるのであろう。

しかし、「無常」が、それが中国化され、さらに日本化されたとしても、日本人の情感、さらに人により場合によってはその思索に、深く沁みてきた[18]ことは事実である。そこには、仏説の俗化[19]ばかりでなく荘周[20]の胡蝶の夢など、[21]老将の俗化もまたともに沁みたであろうし、また、たとえば、時におこる有為転変を[22]含みながら、概して[23]美しい季節がめぐり、ラフカディオ・ヘルン[24]もいうように、恒久的でない木造の家にすみついで、[25]無意識のうちにもののうつろいを[26]感じてきた日本の心性に、情緒的にうけ入れられやすかったということも事実であろう。日本人が短歌や俳句などの小詩形に親しんだのもやはり無意識に無常のおもいとかかわるということもできるのである。

無常にかかわる情感が日本の美感を育てたことは確かであった。また同時にそういう情緒が洗われるについて、日本の知性の問題として、自然と人間をみつめる透徹した[27]認識も生じた。その情緒と、その情緒に洗われる知性との問題は、西欧的なもの東洋的なもの、さまざまの交錯する、[28]現代の日本の多元的な[29]苦しみや迷い[30]のなかで、あたらしく生かされた可能性をもつのではないかと思う。無常をめぐる日本のいくつかの表情を追った本書が、その可能性に、もしいくばくか[31]触れるとすれば幸いである。

先年、NHK教育テレビで日本文学における無常の問題の話を放送した。その後、日本放送出版社から、日本人の無常観ないし無常感について書くことをすすめられて、あたらしい書き下ろしを[32]こころみることになった。

書きのこしたこと、[33]書くべくして[34]書き切る力のなかったのは遺憾であるが、私はこの問題を考えながら、日本というものが、いかにその多元性にめぐまれ、同時にまた、いかにその複雑性に苦しんでいるかを、しみじみと感じた。[35]

本書を成すにあたって、日本放送出版協会の田口汎、斉藤良通の両氏の特に大変お世話になり、またはなはだしく[36)]御迷惑をおかけした。心からお礼を申したい。

1968年 1月　本田 義憲

한자의 読み方

無常観(むじょうかん) : 무상관
仏陀(ぶつだ) : 부처
語(かた)る : 설법하다
認識(にんしき) : 인식
底(そこ) : 근원, 속
万物(ばんぶつ) : 만물
思想家(しそうか) : 사상가
発想(はっそう) : 발상
厭世主義(えんせいしゅぎ) : 염세주의
諸行(しょぎょう) : 제행
滓(かす) : 찌꺼기, 앙금, 침전물
経由(けいゆ)する : 경유하다
仏教(ぶっきょう) : 불교
階級(かいきゅう) : 계급
情感(じょうかん) : 정감
仏説(ぶっせつ) : 불설
荘周(そうしゅう) : 장주(= 荘子)
老将(ろうしょう) : 노장
有為転変(うい－てんぺん) : 유위전변
木造(もくぞう) : 목조
心性(しんせい) : 심성
短歌(たんか) : 짧은 노래 또는 시
俳句(はいく) : 일본의 전통 시, 하이쿠
小詩形(しょうしけい) : 짧은 시의 형태
透徹(とうてつ)する : 투철하다
東洋的(どうようてき) : 동양적
表情(ひょうじょう) : 표정
精進(せいしん)する : 정진하다
死(し) : 죽음
明晳(めいせき) : 명석함
苦悩(くのう) : 고뇌
生(う)み出(だ)す : 만들어 내다
流転(りゅうてん)する : 유전하다
哲学的(てつがくてき) : 철학적
詩人(しじん) : 시인
無常(むじょう) : 무상
固定観念(こていかんねん) : 고정관념
沈(しず)む : 가라앉다
展開(てんかい)する : 전개하다
打破(だは)する : 타파하다
在(あ)り方(かた) : 자세, 태도
思想(しそう) : 사상
俗化(ぞっか) : 속화
胡蝶(こちょう) : 호접, 나비
季節(きせつ) : 계절
恒久的(こうきゅうてき) : 항구적
無意識(むいしき) : 무의식
情緒的(じょうしょてき) : 정서적
事実(じじつ) : 사실
親(した)しむ : 즐기다, 친하게 하다
美感(びかん) : 미감
西欧的(せいおうてき) : 서구적
交錯(こうさく)する : 교착하다
追(お)う : 쫓다

触(ふ)れる : 접하다, 언급하다
遺憾(いかん) : 유감
複雑性(ふくざつせい) : 복잡성
成(な)す : 만들어내다, 이루다
両氏(りょうし) : 두 분
放送(ほうそう)する : 방송하다
多元性(たげんせい) : 다원성
苦(くる)しむ : 고뇌하다, 괴로워하다
協会(きょうかい) : 협회
御迷惑(ごめいわく) : 폐를 끼침

주해

1. 移(うつ)り変(か)わる : 세월에 따라 변해가다, 변화하다, 변천하다 [= 時とともに変わっていく, 変化する, 変遷(へんせん)する, change]

⇨ 季節が移り変わって春たけなわとなった。〔プ英〕
The seasons had changed and spring was at its peak [height].
계절이 변하여 봄이 한창이었다.

⇨ 移り変わる車窓(しゃそう)の景色(けしき)。
바뀌어가는 차창가의 경치.

⇨ 時代とともに移り変わる。〔ニュ和英〕
change [move] with the times.
세월과 함께 변천하다.

cf) 移(うつ)り変(か)わり : 변화, 추이 [= 変化, 推移(すいい), a change, a transition]

⇨ 季節の移り変わり。seasonal changes.
계절의 변화.

⇨ 幼児(ようじ)から少年(しょうねん)への移り変わり期にある子供。〔プ英〕
a child in the transition period from infancy to boyhood.
유아에서 소년으로 변천기에 있는 어린이.

⇨ 運命の移り変わり[= 浮(う)き沈(しず)み]。〔ニュ和英〕
the ups and downs of fortune.
운명의 영고성쇠(栄枯盛衰).

2. ～よ : (종조)～여, ～이여, ～야 [= 呼び掛け, 軽い強めの表現]

⇨ 神よ、我を憐(あわ)れみたまえ。〔プ英〕
Oh, God! Have pity on me.
신이여, 우리를 불쌍히 여겨 주세요.

⇨ さっさとしろよ。Do it quickly!／Get on with it!
빨리 해라!

⇨ いいのよ、あの人が悪いんだから。〔プ英〕
Don't worry, he's in the wrong!
걱정 마, 그 사람 성질이 나쁘니까.

⇨ なによ、その膨(ふく)れっ面(つら)は。〔プ英〕

Come on! What are you sulking about?
왜 그래! 부루퉁한 얼굴하고 있어?

3. 各々(おのおの) : 각자, 각기 [= めいめい, それぞれ, each]

⇨ 人にはおのおのよいところも悪いところもあるものです。
사람에게는 각자 나쁜 점도 좋은 점도 있는 법입니다.

⇨ おのおのが持っている力を全部出し合って仕事をしました。〔用例〕
각자가 지니고 있는 힘을 모두 내어 일했습니다.

⇨ 人はおのおの考えが異(こと)なる。[= 独自(どくじ)の考え方を持っている]〔ニュ和英〕
Each person has their own way of thinking.
사람은 각자 생각이 다르다.

⇨ 私たちはおのおの千円ずつ払った。
We each [Each of us] paid 1,000 yen.
우리들은 각기 천 엔씩 냈다.

4. 大(おお)いなる : 대단한, 심한, 엄청난, 위대한 [= 大きい, 偉大(いだい)な, りっぱな, great, 文語 Av 「大(おお)きなり」의 連体形 「大(おお)きなる」가 변한 말]

⇨ 大いなる戦乱(せんらん)の騒(さわ)ぎ。〔用例〕
대단한 전란의 소동.

⇨ 大いなる功績(こうせき)。a great achievement.

대단한 공적.

⇨ 大いなる損失(そんしつ)。

엄청난 손실.

⇨ NHKスペシャル ブッダ --大いなる旅路(たびじ)--。〔yp, ビデオ〕

NHK스페셜 붓다 --위대한 여로--.

⇨ 大いなる愛は、万物(ばんぶつ)、森羅万象(しんらばんしょう)すべてに降(ふ)り注(そそ)がれています。〔yp〕

위대한 사랑은 만물 삼라만상 모두에게 내리고 있습니다.

5. ～に臨(のぞ)んで : ～을 맞이하여, ～을 앞두고

⇨ みなさん、わたしは今日お別れに臨んで言いたいことが山ほどありますが、胸がつかえて何も言えません。〔例文〕

여러분, 전 오늘 이별을 맞이하여 말하고 싶은 것이 너무 많지만 가슴이 메어 말 할 수 없습니다.

⇨ 倒れた兵士(へいし)は、死に臨んで故国(ここく)に残した妻と子への言葉を託(たく)した。〔例文〕

쓰러진 병사는 죽음을 앞에 두고 고국에 남겨둔 처와 아이에게 말을 남겼다.

cf) 臨(のぞ)む : 임하다, 직면하다, 출석하다 [= 面する, 直面する, 出あう, 事に当たる, 出席する, 参加する, face, attend]

⇨ 私の生まれた所は日本海に臨んだ小さな漁村(ぎょそん)です。〔例文〕

내가 태어난 곳은 일본해에 면한 작은 어촌입니다.

⇨ どんなに落ち着いている人でも、あれほどの危機(きき)に臨んだら平静(へいせい)さえをうしなうに違いない。〔例文〕

아무리 침착한 사람이라도 그 정도의 위기에 직면하면 틀림없이 평정하지 못할 것이다.

⇨ 作家は仕事の合間(あいま)を見て、出身校(しゅっしんこう)の卒業式に臨んだ。〔例文〕

작가는 일하는 짬을 내서 출신학교의 졸업식에 참석했다.

6. 語(かた)り残(のこ)す : 말을 남겨두다

⇨ 二度と戦争を起こさないために、いま、できることは、戦争を知らない世代(せだい)に語り残すことです。〔yp, 書籍紹介〕

두 번 다시 전쟁을 일으키지 않기 위해 지금 할 수 있는 일은, 전쟁을 모르는 세대에게 말을 남겨 두는 것이다.

cf) 残(のこ)す : 남기다 [= 余(あま)す, 後に置いておく, 後に留める, 済んでいない, leave]

⇨ 叔母(おば)の出してくれたパイは、あまりに大きかったので食べきれずに残してしまった。〔例文〕

숙모가 내놓은 파이는, 너무 커서 다 먹지 못하고 남기고 말았다.

⇨ 次の町(まち)までまだずいぶん残してあるから今夜はこの岩かげで野宿(のじゅく)をするとしよう。〔例文〕

다음 동네까지 아직 갈 길이 남아있으니 오늘밤은 이 바위 뒤에서 노숙하는 걸로 하자.

⇨ 先生は罰(ばつ)として二人の生徒を残した。〔プ英〕

The teacher kept two children after school as a punishment.

선생님은 벌로서 두명의 학생을 남게했다.

7. めいせきだ(明晳だ・明晰だ) : 명석하다, 분명하고 확실하다 [= 明(あき)らかではっきりしている, clear]

⇨ 彼は頭脳(ずのう)明晰だ。

He has a clear head.

그는 두뇌 명석하다.

⇨ 彼は明晰さを欠(か)いた答弁(とうべん)をした。

그는 명석함이 결여된 답변을 했다.

⇨ 推敲(すいこう)の目的は、文章を誤(あやま)りのない明晳なものとは、疑(うたが)いのない、明白(めいはく)な事

実です。〔例文〕

퇴고의 목적은, 문장을 잘못 없이 명확하게 하는 것이라는 것은 의심 없는 명백한 사실입니다.

8. 故(ゆえ) : (N) 까닭, 이유, 어떤 내력이나 유서, ～때문에 [= 理由(りゆう), 由緒(ゆいしょ), ～のために, a reason, because]

⇨ 彼はゆえなく家から追(お)い出(だ)された。

He was driven out of his home without cause [any reason].

그는 까닭 없이 집에서 쫓겨났다.

⇨ 彼の沈黙(ちんもく)は故なきことではない。〔プ英〕

There is some reason for his silence.

그의 침묵은 이유 없는 것이 아니다.

⇨ 故ある家。a family with a history.

유서 있는 집.

⇨ 悪天候(あくてんこう)ゆえに旅行は延期された。〔プ英〕

Because of the bad weather, the trip was postponed.

악천후로 여행은 연기되었다.

⇨ 外国人であるがゆえにそんな扱(あつか)いを受けるのは残念(ざんねん)である。

외국인이기 때문에 그런 취급을 받는 것은 유감스럽다.

9. 見極(みきわ)める : 끝까지 지켜보다, 확인하다, 단념하다, 속속들이 알아내다, 진위를 가려내다, 판별하다 [= 最後(さいご)まで見る, 確(たし)かめる, 真相(しんそう)を究明(きゅうめい)する, watch it to the end, make sure of, get to the bottom of, investigate]

⇨ 結果を見きわめる。
결과를 끝까지 지켜보다.

⇨ スパイの行くえを見きわめる。
스파이의 행방을 끝까지 살피다.

⇨ 困難にぶつかった時こそ、その人の真(しん)の実力を見きわめるのによい時だ。〔例文〕
곤란에 부딪쳤을 때야말로, 그 사람의 진짜 실력을 확인할 수 있는 좋은 기회다.

⇨ 運命だと見きわめる。
운명이라고 체념하다.

⇨ 真相(しんそう)を見きわめる。
진상을 끝까지 규명하다.

⇨ 本物(ほんもの)かどうかを見きわめる。
진짜인지 아닌지를 가려내다.

10. 在(あ)り方(かた) : 마땅히 그러하여야 할 상태, 올바

른 존재방법, 자세, 태도, 모습, 실정 [= 物事のあるべき姿(すがた), 正しい存在のしかた, 現在ある形, ありさま, 実情(じつじょう)]

⇨ 福祉(ふくし)の在り方。〔プ英〕

the ideal method of carrying out welfare work.

복지를 올바르게 수행해 나가는 이상적인 방법.

⇨ 国会の在り方を問(と)いたい。〔プ英〕

I'd like to consider what the Diet ought to be.

국회가 무엇을 해야할 것인지 그 자세를 묻고싶다.

⇨ 大学のあり方が問(と)われる時期に来ている。〔ニュ和英〕

Now is the time to call into question what the universities should (really) be.

대학이 해야할 자세가 무엇인지 반문할 시기가 다가왔다.

⇨ 言葉は時代や社会の在り方と結(むす)びついている。〔用例〕

말은 시대나 사회의 모습과 관련이 있다.

⇨ 社会の今の在り方に不満(ふまん)である。〔プ英〕

I am not satisfied with the present state of society.

사회의 지금 실정에 불만스럽다.

11. ～と全(まった)く同(おな)じくはなく : ～와 완전히 같지 않

으며

⇨ それは、「万物は流転する」という古代ギリシャの思想家の、おそらくは多分に自然哲学的であろう発想と全くは同じくはなく、また、かのルバイヤートの詩人の厭世主義にとどまるものでもなかったのである。〔머리V, 본문〕

그것은 「만물은 유전한다」고 하는 그리스 사상가의, 아마도 상당히 철학적일 것이라는 발상과 완전히 같지 않으며, 또한 그 유명한 루바이야토(Rubaiyat) 시인의 염세주의에 머문 것도 아니었다.

cf) 同(おな)じく : (～와) 똑같이, 마찬가지로 [= 同じやり方で, ～と同様に, in the same way, likewise, like～, as～]

⇨ 山本氏も私と同じくその計画には消極的(しょうきょくてき)な考えをとっている。〔用例〕

야마모토씨도 나와 같이 그 계획에는 소극적인 생각을 가지고 있다.

⇨ もし私があなたと同じくふるまったら、皆(みな)に笑われるだろう。〔ニュ和英〕

If I were to behave like you, I would be laughed at by all.

만약 내가 당신과 같이 행동한다면 모두에게 비웃음을 당할 것이다.

⇨ 彼女はお母さんと同じく(= お母さんのように)料理が上手だ。〔ニュ和英〕

She cooks well as her mother does.

그녀는 엄마와 마찬가지로 요리를 잘한다.

12. 彼(か)の : 그, 저 [= 前に述べた事物(じぶつ)をさす語, 話し手・聞き手ともに知っている事物をさす語, あの, その, 例(れい)の, 周知(しゅうち)の]

⇨ かの有名な物語(ものがたり)。

그 유명한 이야기.

⇨ かの芭蕉翁(ばしょうおう)の名句(めいく)。〔林〕

그 바쇼 옹의 유명한 詩의 구절.

⇨ これがかの有名なダ・ビンチの描(えが)いたモナリザです。〔用例〕

이것이 그 유명한 다빈치가 그린 모나리자입니다.

⇨ 必ずやかの地にわたり、長年(ながねん)の夢を実現(じつげん)して見せる。

반드시 저 땅을 건너 오래 동안의 꿈을 현실로 보이겠다.

13. とどまる(止まる・留まる) : (自) 머물다, 멈추다, (범위 내에) 그치다 [= 止(と)まる, 後に残(のこ)る, ある範囲(はんい)に限(かぎ)る, 限定(げんてい)される,

stay, remain, be limited to]

⇨ この都市(とし)にはとどまりたくない。〔プ英〕

I don't want to stay in this city.

이 도시에는 머물고 싶지 않다.

⇨ きみが強(し)いて帰(かえ)れと言うなら、ぼくもとどまりはしない。〔例文〕

네가 굳이 돌아가라고 한다면 나도 머뭇거리지 않겠다.

⇨ 彼の好奇心(こうきしん)はとどまるところを知らない。〔プ英〕

There is no end to his curiosity.

그의 호기심은 멈출 줄을 모른다.

⇨ 協議(きょうぎ)は問題点を挙(あ)げるにとどまった。

The conference did no more than point out some problems.

협의는 문제점을 제시하는 데에 그쳤다.

⇨ 損害(そんがい)は百万円程度にとどまった。〔ニュ和英〕

The loss was limited to about a million yen.

손해는 백만 엔 정도에 그쳤다.

14. 漢訳(かんえき)せられる : 한문으로 번역되다 [せられる=せ(する의 未然形)+られる(受身)]

⇨「無常」とか「諸行無常」とか漢訳せられて日本に入ってきた言葉に、もし固定観念(こていかんねん)めいた何らかの滓(かす)が沈んでいるとすれば、～。〔머리V, 본문〕

「무상」이나 「제행무상」과 같이 한역이 되어 일본에 들어온 말에, 만약 고정 관념처럼 보이는 응어리가 가라앉아 있다고 한다면, ~.

cf) 助v 「られる」 : サ変動詞(する)に接続する場合、「出席される」のように、未然形のうち、「さ」に 「れる」が付くのが普通であるが、書き言葉でのやや改まった言い方では、「出席せられる」のように、未然形のうち、「せ」に「られる」が付くこともある。〔林〕

⇨ 自然の花々から<u>発(はっ)せられる</u>香(かお)り。〔yp, 香り〕 -- 発する+られる

자연의 꽃들로부터 발하는 향기.

⇨ 耕地(こうち)で集団的(しゅうだんてき)に<u>栽培(さいばい)せられる</u>もの。〔yp, 農作物〕 -- 栽培する+られる

경작지에서 집단적으로 재배되는 것.

⇨ 国家公務員法の規定が<u>適用(てきよう)せられる</u>までの官吏(かんり)の任免(にんめん)等に関する法律(ほうりつ)。〔yp, 法律〕 -- 適用する+られる

국가공무원법의 규정이 적용되기까지 관리의 임면 등에 관한 법률.

15. ~めく : (접미) ~다워지다, ~처럼 되다, ~스럽게 보이다, ~의 경향을 띠다 [= N, 副, V·A

·Av의 어간에 붙어 5단v를 만듬, ~のような状態になる, ~らしいなどの意, like]

⇨ 吹く風がどことなく春めいていた。〔プ英〕 -- N(春)+めく

There was a touch of spring in the wind.

부는 바람이 어딘지 모르게 봄다워졌다.

⇨ 彼女はいちだんとなまめいて見えた。-- N(なま)+めく

She looked even more bewitching[sexy].

그녀는 더욱 요염해 보였다.

⇨ あの子は大人めいた口をきく(= ふるまいをする)。〔プ英〕 -- N(大人)+めく

The boy talks [conducts himself] like an adult.

저 아이는 어른답게 말한다.

⇨ 彼の言う事には皮肉(ひにく)めいた所がある。-- Av(皮肉だ)+めく

그의 말에는 비꼬는 듯한 데가 있다.

⇨ 彼女の口の利(き)き方には意地悪めいたところがある。〔プ英〕 -- Av(意地悪だ)+めく

There is a touch of spite in her words.

그녀의 말씨에는 심술궂은 데가 있다.

⇨ 国中(くにじゅう)が勝利(しょうり)にざわめいていた。〔ニュ和英〕 -- 副(ざわ, 의성어)+めく

The whole nation was astir [alive] with the excitement of victory.

온 나라가 승리로 술렁거리고 있었다.

⇨ こんなことを言っても今さらめいて聞こえるでしょうが。

〔泉〕 -- 副(今さら)＋めく

이렇게 말하면 지금 와서 너무 늦은 기분이 들겠지만.

⇨ 困惑(こんわく)の色が彼女の顔にほのめいた。〔プ英〕

-- 接頭(ほの)＋めく

Her look [expression] revealed a faint sign [trace] of embarrassment.

곤혹스러운 모습이 그녀의 얼굴에 희미하게 비쳤다.

16. 滓(かす) : 찌꺼기, 침전물, 응어리, 쓰레기, 쓸모없는 것 [= 沈殿物(ちんでんぶつ), 浮きかす, 値打(ねうち)ちのないもの, dregs, lees, scum, grounds, refuse]

⇨ コップに付いた飲みかす。dregs left in a glass.

컵에 붙은 찌꺼기.

⇨ コーヒーかす。〔プ英〕 coffee grounds.

커피 찌꺼기.

⇨ 水面の浮きかすをすくい取る。〔プ英〕

skim off the scum on the water

수면의 침전물을 빨아 당기다.

⇨ 心の底にたまっていた滓のような不安。

마음 한 구석에 쌓여 있던 응어리 같은 불안.

⇨ お前なんか人間の滓だ。

너 같은 것은 인간의 쓰레기야.

17. 打破(だは)する : 타파하다, 무찌르다, 제거하다 [= 打(う)ち破(やぶ)る, 攻撃(こうげき)して負(ま)かす, 取(と)り除(のぞ)く, break down, abolish, do away with]

⇨ この地方の封建的(ほうけんてき)な因習(いんしゅう)は、打破しなければならない。

이 지방의 봉건적인 인습은 타파하지 않으면 안 된다.

⇨ 織田信長は天下統一(てんかとういつ)のため、立ちはだかる敵を次々と打破し、京(きょう)に上がった。〔例文〕

오다 노부나가는 천하통일을 위해서 가로막아선 적을 차례차례로 무찌르고 수도로 올랐다.

18. 沁(し)みる : 스며들다, 번지다, 나쁜 영향을 받다, 물들다, 아픔을 느끼다, 아리다, 사무치다, 감명을 받다 [= しみ通(とお)る, にじみ込む, 影響(えいきょう)される, 神経(しんけい)を刺激(しげき)する, うずくように痛む, 刺(さ)すように痛む, 感銘(かんめい)を受ける, soak into (through), smart, sting, * 일반적으로 「染」자를 쓰나, 물건에 스며들 때에는 「滲」「浸」, 마음에 스며들 때에는 「沁」, 물건에서 스며 나올 때에는 「泌」를 쓰는 경우가 많음]

⇨ 寝汗(ねあせ)がパジャマにしみた。〔プ英〕

The sweat soaked my pajamas.

식은 땀이 파자마에 스며들었다.

⇨ ソースが白いテーブルクロスにしみた。

The sauce sank into the white tablecloth.

소스가 흰 테이블보에 번졌다.

⇨ 悪習(あくしゅう)にしみる。get into bad habits.

악습에 영향을 받다.

⇨ 消毒薬(しょうどくやく)が傷口(きずぐち)にしみる。〔泉〕

소독약이 상처 난 자리에 자극을 준다.

⇨ アイスクリームを食べると虫歯(むしば)にしみる。〔プ英〕

I feel a sharp pain in my decayed tooth when I eat ice cream.

아이스크림을 먹으면 충치가 아프다.

⇨ ご親切が身にしみてうれしゅうございます。

I deeply appreciate your kindness.

당신의 친절에 감명을 받아 너무나 감사합니다.

⇨ 父母(ふぼ)の心づかいがこれほど身にしみたことはない。

I have never before felt so grateful to my parents for heir loving concern.

부모님의 배려가 이 정도로 가슴에 사무쳤던 적은 없다.

19. 俗化(ぞっか) : 세속화, 저속해지는 것 [= 神聖(しんせい)なものや高雅(こうが)なものが, 世間(せけん)一般の下らないものになること, 俗(ぞく)っぽくなること, vulgarization. ＊ 俗化する : 俗悪(ぞくあく)になる, よ

さが損(そこ)なわれる, 大衆化(たいしゅうか)する, 商業主義化する, be vulgarized, be spoiled, be popularized, be commercialized]

⇨ 俗化した海辺(うみべ)の町。[ニュ和英]

a vulgarized seaside town.

저속하게 되어버린 바닷가 마을.

⇨ 観光開発がなされてからその村はすっかり俗化してしまった(= 商業主義にどくされてしまった)。[ニュ和英]

The village has completely been poisoned by commercialism since they began to develop tourism.

관광 개발이 이루어지고 나서 그 마을은 완전히 상업화 되어버렸다.

⇨ その田舎町(いなかまち)はすっかり俗化してしまった。[プ英]

That country town is now totally commercialized.

그 시골 마을은 완전히 상업화 돼 버렸다.

20. 荘周(そうしゅう) : 荘子(そうし、BC369年～BC286年)를 말함

☞ 中国の戦国時代の宋国(現在の河南省)に産まれた思想家で、道教の始祖の一人とされる人物である。姓は荘。名は周。字は子休。「荘子」が本来の名前。荘子の思想は、老子と同じく無為(むい)自然を基本とし、人為を忌(い)み嫌(きら)う物である。しかし老子には僅(わず)

かながら政治色が残っているに比べ、荘子は徹頭徹尾(てっとうてつび)俗世間(ぞくせけん)を離れ無為の世界に遊ぶ姿勢になっている違いがある。荘子の著書と言われる『荘子』(そうじ)には、内篇七篇、外篇十五篇、雑篇十一篇があり、この中で内篇だけが荘子本人の手によるものと見られ、それ以外は弟子や後世の人の手によるものと見られている。曾子と混同を避けるため、「そうじ」と読むことが多い。〔ウィキペディア(Wikipedia)〕

중국 전국시대의 송나라(현, 하남성)에서 출생한 사상가로, 도교의 시조 한 명으로 여겨지는 인물이다. 성은 莊. 이름은 周. 자는 子休. 「莊子」가 본래의 이름. 莊子의 사상은, 老子와 같이 무위자연을 기본으로 하며 인위를 기피한 것이다. 그러나 老子에게는 약간 정치색이 남아 있는 것에 비해, 莊子는 처음부터 끝까지 속세를 떠나 무위의 세계에서 노는 자세로 되어 있는 것에 차이가 있다. 莊子의 저서라 불리는 「莊子」(そうじ)에는, 내편 7편, 외편 15편, 잡편 11편이 있으며, 이 가운데에서 내편만이 莊子 본인이 쓴 것으로 보이며 그 외는 제자나 후세 사람의 손에 의하여 쓰여진 것으로 보인다. 曾子와 혼동을 피하기 위해 「そうじ」로 읽는 일이 많다.

21. 胡蝶(こちょう)の夢(ゆめ) : 나비의 꿈

☞ 荘子が夢の中で胡蝶になり、自分が胡蝶か、胡蝶が自分か区別がつかなくなったという「荘子」斉物論(せいぶつろん)の故事に基(もと)づく。自分と物との区別のつかない物我一体(ぶつがいったい)の境地、または現実と夢とが区別できないことのたとえ。〔泉〕
장자가 꿈속에서 나비가 되어 자신이 나비인지 나비가 자신인지 구별하지 못했다고 하는 「荘子」의 제물론 고사에 근거한다. 자신과 사물과의 구별이 가지 않는다고 하는 물아일체의 경지, 또는 현실과 꿈이 구별할 수 없다고 하는 비유의 말.

22. 有為転変(ういてんぺん) : 유위전변, 유위무상, 세상은 항상 변화무쌍하여 잠시도 머물러 있는 법이 없음 [= 人生の浮(う)き沈(しず)みこの世の変わりやすさ, 世の中のすべてのものが絶えず変化してしばらくの間も同じ状態にとどまることがないこと, 有為無常(ういむじょう),「ういてんべん」라고도 읽음, the ups and downs of life, the vicissitudes of life, the mutability of this world]

⇨ <u>有為転変</u>の世(よ)の中。〔林〕
변하기 쉽고 덧없는 이 세상.

⇨ <u>有為転変</u>は世の習(なら)い。〔泉〕

변화무쌍한 인생의 길/변하기 쉽고 덧없는 세상.

23\. 概(がい)して : 일반적으로, 전체로 보아, 대부분 [=一般的に(言うと), 全体から見て, 大部分, generally speaking, as a rule, on the whole, for the most part]

⇨ 概して教師は世間にうとい。〔ニュ和英〕

Generally speaking, teachers are ignorant of the world.

일반적으로 선생님은 세상을 잘 모른다.

⇨ 概して言えばここの気候は私に合(あ)っている。〔プ英〕

대체적으로 여기 기후는 나에게 맞다.

Generally speaking, the climate here suits me.

⇨ 概してアメリカ人は社交的(しゃこうてき)だ。

As a rule, Americans are outgoing.

대체로 미국인은 사교적이다.

⇨ この町の住民は概して早寝早起(はやねはやお)きです。〔プ英〕

The residents of this town for the most part keep early hours.

이 마을의 주민은 대부분 일찍 자고 일찍 일어납니다.

24\. ラフカデイオ・ヘルン(1850～1904, 일본명 小泉八雲, こいずみやくも) : 라흐가디오·헤른 (아일랜드人)

☞ 作家·英文学者。本名、ラフカディオ·ハーン(Lafcadio Hearn)。1890年(明治 23)来日。松江の人、小泉節子と結婚。のち帰化。松江中·五高·東大などで教鞭(きょうべん)をとりつつ、日本研究をまとめ海外に紹介した。評論「東の国から」「心」「神国日本」、小説「怪談」など。〔林〕

25. 住(す)み着(つ)く : 정착하다, 거주하다, 자리 잡고 살다 [= 長い間一(いっ)か所に住む, 居着(いつ)く, settle in a place]

⇨ ここに住み着いて10年になる。

Ten years have passed since we settled here.

여기에 정착한지 10년이 된다.

⇨ この土地(とち)にすみついて五十年になりますが、こんな大雪(おおゆき)ははじめてです。〔例文〕

이 땅에서 거주한지 50년이 되는데 이 같은 폭설은 처음입니다.

⇨ 縁(えん)の下に捨(す)て猫が住み着くようになった。

마루 밑에 버려진 고양이가 자리를 잡고 살게 되었다.

26. 移(うつ)ろい : 이동, 변천, 변화, 추이 [= 移り変わること, 変化, 推移(すいい), a change, a transition]

⇨ 日本人は季節のうつろいを敏感(びんかん)に感じ分け、その情趣(じょうしゅ)を和歌(わか)などに読み込んできた。

〔用例〕

일본인은 계절의 변화를 민감하게 느껴왔으며 그 정취를 와카 등으로 읊어 왔다.

cf) 移(うつ)ろう : 옮기다, 이동하다, 변해가다, 점차 바래다, 점차 쇠퇴하다 [= 移動する, 変わる, 移り変わっていく, 色あせる, しだいに衰(おとろ)えてゆく, change, fade. *「移(うつ)る」의 미연형에 반복계속의 助v 「ふ」가 붙은 「うつらふ」의 音변화]

⇨ 木の間を移ろう月(つき)の光(ひかり)。〔泉〕

나무와 나무 사이를 옮겨 다니는 달빛.

⇨ 女心(おんなごころ)は移ろいやすい。〔プ英〕

Women have fickle nature.

여자의 마음은 변하기 쉽다.

⇨ 時とともに移ろいゆく町並(まちな)み。〔泉〕

세월과 함께 변해가는 거리.

⇨ 晩秋(ばんしゅう)にはこの美しい色も移ろって茶色(ちゃいろ)になる。〔ニュ和英〕

In late autumn these beautiful colors fade to brown.

만추에는 이 아름다운 색도 바래 갈색이 된다.

27. 透徹(とうてつ)する : 아주 맑다, 꿰뚫다, 투철하다, 명확하다 [= 澄(す)みきっている, 透(す)きとおっている, 筋道(すじみち)がはっきりと通っている, penetrate, clear]

⇨ 透徹した秋の空。〔泉〕

맑디 맑은 가을 하늘.

⇨ 真相(しんそう)に透徹する。

get through to the truth.

진상을 꿰뚫다.

⇨ 透徹した責任感を持った人。〔プ英〕

a person with a thoroughgoing sense of responsibility.

투철한 책임감을 가진 사람.

⇨ 知識だけでは世界を見とおすことはできない。それには透徹した知性(ちせい)が必要である。〔例文〕

지식만으로는 세계를 관철할 수 없다. 그것에는 투철한 지성이 필요하다.

⇨ 透徹した判断力(はんだんりょく)。

lucid powers of judgment.

명쾌한 판단력.

28. 交錯(こうさく)する : 뒤얽히다, 교착하다 [= いくつかのものが入りまじる, 交(ま)じる, からみ合う,

mix, intertwine with, mingle]

⇨ 交錯した事件。a complicated case.

뒤얽힌 사건.

⇨ 不安と希望が交錯して眠れなかった。〔プ英〕

The fear and hope intermingling in my heart kept me awake.

불안과 희망이 뒤얽혀 잠잘 수 없었다.

⇨ いつの間(ま)にか頭のなかは夢と現実とが交錯し、混乱(こんらん)していた。〔例文〕

어느 새인가 머릿속은 꿈과 현실이 얽혀 혼란스러웠다.

⇨ 期待と不安が交錯する中で新生活はスタートした。〔例文〕

기대와 불안이 교착하는 가운데 새로운 생활은 시작되었다.

29. 多元的(たげんてき)だ : 다원적이다 [= 考えや事物のもととなる立場·要素が多くあるさま, pluralistic ↔ 一元的(いちげんてき, unified)]

⇨ 物事(ものごと)は、一元的に捕(と)らえるのではなく、さまざまな角度(かくど)から見て多元的に考えなければならない。〔例文〕

사물은 일원적으로 파악하는 것이 아니라 여러 각도에서 보아 다원적으로 생각해야 한다.

⇨ より柔軟(じゅうなん)で多元的な考え方で、経済共同体

の構築(こうちく)に向けて邁進(まいしん)しようという気運(きうん)が高まりつつあります。〔yp, インタビュー〕

보다 유연하고 다원적인 생각으로, 경제 공동체의 구축을 향해 매진하려는 기운이 높아지고 있습니다.

⇨ 私たちネオテクノロジーは、特許情報(とっきょじょうほう)を多元的に活用する方法を提供(ていきょう)しています。

〔yp, 会社案内〕

저희 네오 테크놀로지는, 특허정보를 다원적으로 활용하는 방법을 제공하고 있습니다.

30. 迷(まよ)う : 헤매다, 망설이다, 갈피를 못 잡다, 빠지다, 미혹되다, (仏) 죽은 이의 망령이 성불하지 못하고 헤매다 [= 道が分からなくなる, 思い惑(まど)う, 魅(み)せられる, 死者が成仏(じょうぶつ)できずにいる, get lost, stray, be at a loss, be irresolute]

⇨ 彼らは森の中で道に迷った。〔ニュ和英〕

They got lost in the wood(s).

그들은 숲속에서 길을 헤맸다.

⇨ とんぼが部屋に迷い込んだ。〔プ英〕

A dragonfly strayed into my room.

잠자리가 방에 날아들었다.

⇨ 決断(けつだん)が早(はや)く、一度(いちど)決(き)めたらあれこれ迷わないことが彼(かれ)の長所(ちょうしょ)で

す。〔例文〕

결단이 빠르고 한 번 결정하면 이래저래 망설이지 않은 것이 그의 장점입니다.

⇨ 彼は女に迷った。

He was captivated by a woman.

그는 여자에게 빠졌다.

⇨ 巧言令色(こうげんれいしょく)に迷う。〔プ英〕

be carried away by honeyed words and sweet smiles.

교언영색(= 아첨하는 말과 알랑거리는 모습)에 빠지다.

⇨ 彼の亡霊(ぼうれい)がまだ迷っている。〔プ英〕

His ghost is still haunting the area.

그의 망령이 아직 헤매고 있다.

31. 幾(いく)ばく : 어느 정도 (= どれほど) [~か : 조금, 약간, ある程度, 若干(じゃっかん). ~もない : 얼마 없다]

⇨ いくばくの利益(りえき)を得(え)たか。〔林〕

어느 정도의 이익을 얻었는가?

⇨ 別れていくばくになろうか。

헤어진 지 얼마나 되었을까?

⇨ 旅費(りょひ)はまだいくばくか残っている。〔泉〕

여비는 아직 약간 남아 있다.

⇨ 彼に幾ばくかの金を与えた。〔プ英〕

I gave him some money.

그에게 약간의 돈을 주었다.

⇨ その後いくばくもなくして事故が再発(さいはつ)した。

그 후 얼마 안 가서 사고가 재발했다.

⇨ 彼女はもはや余命(よめい)幾ばくもない。〔プ英〕

She doesn't have long to live.

그녀는 이제 여생이 얼마 남지 않았다.

32. 書(か)き下(お)ろす : (소설·논문 등을) 새로이 쓰다 [= 新(あら)たに書く, 명사형 書(か)き下(お)ろし : 새로 쓴 작품]

⇨ テレビ用に脚本(きゃくほん)を書き下ろす。〔プ英〕

write an original scenario for television.

TV용으로 각본을 새로이 쓰다.

⇨ 児童演劇(じどうえんげき)のために書き下ろした戯曲(ぎきょく)。〔泉〕

아동 연극을 위해서 새로 쓴 희곡.

⇨ この秋、フジテレビがお送りするスペシャルヒューマンドラマ。玉置浩二が16年ぶりにスペシャルドラマの主題歌を書き下ろす!! 〔yp, こちらフジテレビ〕

이번 가을, 후지 텔레비가 보내 드리는 스페셜 휴먼 드라마. 타마오키 코지가 16년 만에 스페셜 드라마의 주제가를 새로 쓰다!!

33. 書(か)き残(のこ)す : 써서 남기다, 빠뜨리고 쓰다, 다 쓰지 못하고 남기다 [= 書いて残す, 書き忘れる, 書かないままにしておく, leave a note, forget to write, leave~ unwritten]

⇨ 遺言(いげん)を書き残す。leave a will behind.
유언을 써서 남기다.

⇨ この経験の記録を書き残したい。〔プ英〕
I want to leave a record of this experience.
이 경험의 기록을 남기고 싶다.

⇨ 何か書き残したことはありませんか。
Have you written all that you want to say?
뭔가 말하고 싶은 것 빠트리지 않했습니까?

⇨ 最後(さいご)の問題を書き残した。〔プ英〕
I could not finish the last question.
마지막 문제를 다 쓰지 못했다.

34. ～べくして : (연어) ～했어야 했기에, ～할 수 있어도 [= 当然であるという状況で, ～することはできても, 助v「べし」의 연용형「べく」+「して」]

⇨ 勝(か)つべくして勝った試合。〔林〕
이겨야 했기에 이긴 시합.

⇨ その本は読むべくして理解しがたい。〔泉〕
그 책은 읽을 수는 있어도 이해하기 어렵다.

⇨ そのような事は言うべくして行(おこな)いがたい。〔林〕

그러한 일은 말로는 할 수 있어도 행하기는 어렵다.

cf) ～べく：(助v) ～를 위해, 그럴 작정으로, ～하도록, ～할 수 있다 [= ～する目的で, ～出来る, 「べし」는 文語이지만 口語에서도 多用]

⇨ アメリカの大学に留学すべく猛(もう)勉強を始めた。

He began to study hard in order to go to a college in the U.S.

미국의 대학에 유학하기 위해 열심히 공부를 시작했다.

⇨ 当分(とうぶん)、彼の職場復帰(しょくばふっき)は望むべくもない。〔プ英〕

There is no hope of his returning to work in the near future.

당분간 그의 직장 복귀는 바랄 수도 없다.

35. しみじみ(と)：뼈저리게, 가슴 속 깊이, 곰곰이, 차근차근, 차분히 [= 心の底から深く感じるさま, 痛切(つうせつ)に, 心から, 深く, 心を開(ひら)いて対象と向き合うさま, もの静かに, keenly, heartily, deeply, quietly, softly]

⇨ 戦争の悲惨(ひさん)さがしみじみ分かった。〔ニュ和英〕

I keenly [fully] realized the misery of war.
전쟁의 비참함을 뼈저리게 알았다.

⇨ 父の小言(こごと)がしみじみと胸にこたえた。
My father's reproof came home to me.
아버지의 꾸지람이 가슴 속 깊이 와 닿았다.

⇨ しみじみ反省(はんせい)する。
feel deep regret for what one has done.
곰곰이 반성하다.

⇨ なつかしい友だちと会い、夜(よ)がふけるまでしみじみ語り合った。〔例文〕
그리운 친구들과 만나 밤새도록 차근차근 이야기했다.

⇨ 古いアルバムの祖母の写真を見ながら、母とおばはしみじみとした声で昔話(むかしばなし)をしていた。〔例文〕
낡은 앨범의 할머니 사진을 보면서, 어머니와 이모는 차분히 옛날이야기를 하고 있었다.

36. 甚(はなは)だしい : 심하다, 중대하다, 극단적이다 [= 激(はげ)しい, 強烈(きょうれつ)だ, 重大(じゅうだい)だ, 非常に大きい, 極端(きょくたん)だ, serious, intense, enormous, extreme]

⇨ 甚だしい寒さ。intense cold.
심한 추위.

⇨ 私はそのメキシコ旅行を大(おお)いに楽しみました。しか

し、一方で疲労もはなはだしく、関節(かんせつ)の痛みは耐(た)えがたいばかりになってきたのです。〔토픽(下), 人生はストレスの旅〕

나는 그 멕시코 여행을 너무 즐겁게 보냈습니다. 그러나 한편으로 피로도 심하고 관절의 아픔은 참기 어려웠을 정도였습니다.

⇨ 頭脳流出(ずのうりゅうしゅつ)は国にとって甚だしい損失(そんしつ)である。〔プ英〕

The brain drain is an enormous loss to the nation.

두뇌 유출은 나라에 있어서 중대한 손실이다.

⇨ 甚だしい例をあげよう。〔プ英〕

I will cite an extreme case.

극단적인 예를 들자.

머리말본문 번역

모든 사물은 변한다. 사람들이여, 각자의 삶에 정진하라.

부처는 그 큰 죽음에 직면하여 가까운 사람들에게 이렇게 말을 남겼다고 한다. 부처가 말한 것에 의하면, 일체사물의 변화(변화무상)란, 인간의 존재 의미에 대한 명석한 인식이며 그 모든 것이 변함에 따라 인생은 고뇌하기도 해서, 그 고뇌의 근원을 판단하여 그것을 깨우치고, 깊고 밝은 몸을 자신 본연의 자세로 만들어 나가면서 삶을 풍요로이 해야 함을 말한다. 그것은 「만물은 유전한다」고 하는 그리스 사상가의, 아마도 상당히 철학적일 것이라는 발상과 완전히 같지 않으며, 또한 그 유명한 루바이야토(Rubaiyat) 시인의 염세주의에 머문 것도 아니었다. 그러나 결국, 「무상」이나 「제행무상」과 같이 한역이 되어 일본에 들어온 말에 만약 고정 관념처럼 보이는 응어리가 가라앉아 있다고 한다면, 그것은 중국을 경유해 일본에 들어와 그리고 일본에서 전개한 불교의 역사를 포함하는 이유가 되며, 또한 그 고정관념을 타파하려고 하지 않는 근대 일본지식계급의 자세가 포함되는 이유도 될 것이다.

그러나 「무상」이 중국화 되고 더욱이 일본화 되었다 하더라도, 일본인의 정감 하물며 사람에 따라서는 그 사색에 깊이 스며들어 온 것은 사실이다. 거기에는 불교의 세속화뿐만 아니라 장주의 나비의 꿈 등, 노장의 세속화도 함께 스며있었을 것이며 또한 가령 시간의 흐름에 비롯되는 유위변천을 포함하면서, 대개 아름다운 계절이 바뀌고 라후 카디오·헤른 도 말했듯이, 항구적이지 않은 목조 가옥에 자리 잡고 살면서 무의식중에 사물의 변화를 느껴온 일본인의 심성에 정서적으로 받아들이기 쉬웠다고 하는 것도 사실일 것이다. 일본인이 단가나 하이쿠 등의 짧은 시 형태를 즐긴 것도 역시 무의식 속의 무상의 생각과 관련되어 있는 것이라 할 수 있을 것이다.

무상에 관련된 정감이 일본의 미적 감각을 키운 것은 확실했다. 또 동시에 그러한 정서가 정화됨에 따라 일본의 지성문제로서, 자연과 인간을 바라보는 투철한 인식도 생겨났다. 그 정서와 정서에 정화되는 지성과의 문제는, 서구적인 것과 동양적인 것이 여러 가지로 교착하는 현대 일본의 다원적인 고뇌와 혼돈 속에서 새롭게 태어날 수 있는 가능성을 가지고 있는 것이 아닐까 생각한다. 무상을 둘러싼 일본의 몇 개의 표정을 쫓아온 본서가 그 가능성에 다소라도 접해 있다고 한다면 다행이다.

작년 NHK의 교육 텔레비전에서 일본문학에 있어서 무상의 문제에 관한 이야기를 방송했다. 그 후 일본방송출판협회에서 일본인의 무상관 내지는 무상감에 대해 글을 부탁받아 새로운 신작을 시도해 보게 되었다.

다 쓰지 못하고 남긴 것, 당연히 써야 하는데 쓸 수 있는 힘이 없었던 것은 유감스럽지만, 나는 이 문제를 생각하면서 일본이라는 나라가, 어떻게 다원성을 타고 났으며 동시에 어떻게 그 복잡성에 고뇌하고 있는지를 절실히 느꼈다.

이 책을 완성함에 있어, 일본방송출판협회의 다나카 한, 사이토 요시미치 두 분에게 특히 많은 도움을 받았고 또한 더할 나위 없는 심려를 끼쳤다. 진심으로 감사의 인사를 드리고 싶다.

1968년 1월　혼다 기켄

제9장

近代中国の思想と文学

兵馬俑(へいばよう)博物館。1974年に発掘された中国の秦(しん)の始皇帝陵の兵馬俑。

呂紀の四季花鳥図(しきかちょうず)。この人は浙江省の人。明の弘治年間(1488～1505)に画院画家となり、花鳥画をよくした。

《제9장》

출전

東京大学文学部　中国文学研究室編,『近代中国の思想と文学』, (株)大安, 1967年 7月

(도서청구번호 : 812동 13ㄱ)

머리말 본문

はじめに

小野忍教授を東大文学部へお迎えしてから、あっというまに[1)]十七年が過ぎ去った。[2)]その穏やかな風貌と、古今東西にわたる広い学識とに包まれて、今までの東大としてはちょっと風変わりな、[3]ソフトな研究室の空気が生まれて来た。かつての東大の学風は古典研究に偏しており、[4]近代現代の文学の研究者は片すみに[5]置かれがちであったが教室とは別の場所で、すでに昭和の初期から「中国文学研究会」の少壮クループが独自の研究を進めつつあった。そのメンバ-は、今日の文学や評論の世界できわ立った[6]活躍をして、歪曲された[7]日本人の中国への目を根本的に改めるという大きい責任を果たしつつある。東大の教壇においてその役割を果たしたのはわが小野教授である。その仕事は地味であるけれども、[8]本家本元に[9]静かな手術を加えたという点では、その功績はきわめて大きい。

かくて[10]中国の近代現代の文学研究は初めて本格的な軌道に乗り、[11]さまざまな作品作家に対する厳密な検証と評価が行なわれるようになった。そして小野教授の直接間接の指導を受け止めて、[12]数多くの少壮の研究者が育っていった。これらの諸君は今や次の世代を担う優れた研究者·評論家となりつつある。小野教授は、はでな[13]お祝いや格式ばった[14]あいさつがお嫌いである。世の中では、還暦退宮の記念の会を盛大に行なうのが例であるが、[15]このたびはすべて「小野風に」ということを、私どもの間で申し合わせた。[16]そして大安書店の協力を得て、これら少壮の研究者が日ごろ[17]得意とする[18]テーマを選んで持ち寄って[19]この一書を編し、小野教授に謝意を表することとなった。新生の中国が抱く苦悩と、その産物である中国文学の研究の持つさまざまな興味や困難が、この書の中にはっきりと浮き彫りにされている。[20]汚れなき清新な目がとらえた中国文学の映像を、読者はこの書のあちこちに発見することができるであろう。

1967年 4月 15日　　藤堂 明保

한자의 読み方

迎(むか)え : 초빙, 초청
過(す)ぎ去(さ)る : 지나가버리다, 통과하다
風貌(ふうぼう) : 풍모, 용모
学識(がくしき) : 학식
風変(ふうが)わり : 이색적임, 색다름
古典(こてん) : 고전
近代(きんだい) : 근대
片(かた)すみ : 한구석
少壮(しょうそう) : 소장
進(すす)む : 진행하다, 나아가다
きわ立(だ)つ : 눈에 띄다, 뛰어나다
歪曲(わいきょく) : 왜곡
責任(せきにん) : 책임
教壇(きょうだん) : 교단
本家本元(ほんけ-ほんもと) : 원조, 근본
功績(こうせき) : 공적
厳密(げんみつ) : 엄밀
評価(ひょうか) : 평가
間接(かんせつ) : 간접
育(そだ)つ : 자라다, 성장하다
世代(せだい) : 세대
優(すぐ)れる : 우수하다, 뛰어나다
格式(かくしき) : 격식
世(よ)の中(なか) : 세상, 시대, 사회
退官(たいかん) : 퇴임
得意(とくい) : 자만함, 매우 익숙함
謝意(しゃい) : 감사의 뜻
穏(おだ)やかだ : 온화함, 평온함
古今東西(こきんとうざい) : 고금동서
包(つつ)む : 둘러싸다
学風(がくふう) : 학풍
偏(へん)する : 치우치다, 기울다
現代(げんだい) : 현대
初期(しょき) : 초기
独自(どくじ) : 독자
評論(ひょうろん) : 평론
活躍(かつやく) : 활약
改(あらた)める : 고치다, 바로하다
果(は)たす : 다하다, 완수하다
役割(やくわり) : 역할, 임무
手術(しゅじゅつ) : 수술
軌道(きどう) : 궤도
検証(けんしょう) : 검증
直接(ちょくせつ) : 직접
指導(しどう) : 지도
諸君(しょくん) : 제군, 여러분
担(にな)う : 짊어지다, 떠맡다
祝(いわ)い : 축하
嫌(きら)いだ : 싫어하다
還暦(かんれき) : 환갑
盛大(せいだい) : 성대
一書(いっしょ) : 한 권의 책
抱(だ)く : 안다, 품다

苦悩(くのう) : 고뇌
興味(きょうみ) : 흥미
汚(よ)ごれ : 더러움
映像(えいぞう) : 영상
産物(さんぶつ) : 산물
困難(こんなん) : 곤란
清新(せいしん) : 청신

주해

1. あっと言(い)う間(ま)に : 눈 깜짝할 사이에, 순식간에, 금세 [= 一瞬(いっしゅん)にして, いつの間(ま)にか, たちまち, in a flash, in an instant, in no time at all, before one knows it]

⇨ 彼は来たと思うとあっと言う間にいなくなった。〔プ英〕
Just when I realized he'd arrived, he suddenly vanished.
그가 왔다고 생각했는데 눈 깜짝 할 사이에 없어졌다.

⇨ 分かりません。あっという間の出来事(できごと)でしたから。〔ニュ和英〕
I don't know. It happened so [very] fast.
순식간의 사건이었기 때문에 모릅니다.

⇨ 桜はあっという間に散(ち)ってしまった。〔ニュ和英〕

The cherry blossoms have gone all too soon [before we knew it].

벚꽃은 순식간에 저버렸다.

⇨ 彼はあっという間にその問題を解(と)いた。〔ニュ和英〕

He solved the problem in no time at all.

그는 금세 그 문제를 풀었다.

2. 過(す)ぎ去(さ)る : 지나가 버리다 [= その場所を通り過ぎて行ってしまう, 時間が経(た)って過去(かこ)のものになってしまう]

⇨ 強力(きょうりょく)な台風が過ぎ去る。

강력한 태풍이 지나가다.

⇨ 過ぎ去ったことは言うまい。〔泉〕

지나간 일은 말하지 않겠다.

⇨ 過ぎ去ったことは仕方(しかた)がない。〔プ英〕

What's done cannot be undone.

지나가 버린 일은 어쩔 수 없다.

3. 風変(ふうが)わりだ : 이색적이다, 색다르다, 별나다, 보통과 다르다, 기이하다 [= ようすや性質·行動などが普通と違っているさま, 常軌(じょうき)を逸(いっ)した, 特異(とくい)だ, strange, odd, eccentric, peculiar]

⇨ 彼の演出(えんしゅつ)はちょっと風変わりだ。〔泉〕

그의 연출은 조금 이색적이다.

⇨ 風変わりな様子(ようす)の女。an odd-looking woman.

색다른 모습의 여자.

⇨ 風変わりな作品(さくひん)。

색다른 작품.

⇨ 風変わりな男。a strange man.

별난 사람.

⇨ 風変わりな一家(いっか)。an eccentric family.

보통과 다른 가족.

⇨ 風変わりな家。a fantastic [a quaint] house.

기이한 집.

4. 偏(へん)する : 치우치다, 기울다 [= 片寄(かたよ)る, 偏見(へんけん)をいだく, be biased, be one-sided, be prejudiced]

⇨ あの審査員(しんさいん)は一方(いっぽう)に偏している。

That judge is biased.

심사원은 한쪽으로 치우치고 있다.

⇨ 一方に偏した(= 片寄った)見解(けんかい)。〔プ英〕

a biased [one-sided] view／a prejudiced opinion.

한쪽으로 치우친 견해(= 편견).

⇨ 審判(しんぱん)はどちらにも偏してはならない。

A referee should be impartial.

심판은 어느 쪽에도 치우쳐서는 안 된다.

5. 片隅(かたすみ) : 한쪽 구석, 한구석 [= 中心から離れた所, 目立(めだ)たない所, a corner, a nook of]

⇨ 部屋の片隅に腰掛(こしか)ける。

sit in a corner of the room.

방의 한쪽 구석에 앉아있다.

⇨ ねずみは片隅に追(お)いつめられた。

The rat was cornered [driven into a corner].

쥐는 한 구석으로 내몰려있다.

⇨ 彼らは町の片隅にひっそりと生きていた。〔プ英〕

They were living quietly in an obscure [out-of-the-way] corner of town.

그들은 마을의 한구석에 조용하게 살고 있었다.

⇨ そのいい思い出の片隅に僕の存在があったとすれば…、これほど嬉しいことはないのだから。〔yp, 思い出の片隅に〕

그 좋은 추억의 한 모퉁이에 나의 존재가 있었으면 얼마나 좋을까? 이만한 기쁜 일은 없었으니까.

6. 際立(きわだ)つ : 눈에 띄다, 뛰어나다, 괄목할만하다,

다른 사람의 눈에 띄다 [= 目立(めだ)つ, 対照によって引(ひ)き立つ, 人目を引く, 注目すべきだ, stand out, outstanding, remarkable, striking]

⇨ この二つには際だった違いはない。〔プ英〕

There is no striking [marked] difference between the two.

이 둘에는 눈에 띄는 차이는 없다.

⇨ このクラスには際だってできる生徒がいない。〔プ英〕

There are no outstanding students in this class.

이 반에는 뛰어나게 공부를 잘하는 학생이 없다.

⇨ 彼は実業界では際だった存在だ。〔プ英〕

He stands out in business circles.

그는 실업계에서는 괄목할만한 존재다.

⇨ 際立った業績(ぎょうせき)。〔ニュ和英〕

an outstanding achievement.

두드러진 업적.

⇨ 際立った美人(びじん)。〔ニュ和英〕

an extraordinarily beautiful woman/ a striking beauty.

굉장히 아름다운 미인.

7. 歪曲(わいきょく)する : 구부러지다, 왜곡하다 [= 物をゆがめまげる, ゆがみまがる, 事実をわざとゆがめて伝える, distort, twist]

⇨ 事実(じじつ)が<u>歪曲され</u>て報道(ほうこく)された。〔プ英〕

The facts were falsely represented in the news.

사실이 왜곡되어 보도되었다.

⇨ 昨年政府当局は、世界23か国の50種類の教科書が韓国に関する内容を<u>歪曲した</u>例が127件に達することを確認したが、その後正(ただ)しく修正(しゅうせい)されたかどうかは確認されていない。〔yp, 教科書歪曲〕

작년 정부당국은, 세계 23국의 50종류의 교과서가 한국에 관한 내용을 왜곡한 예가 127건에 이르는 것을 확인했지만, 그 후 올바르게 수정되었는지는 확인되고 있지 않다.

8. 地味(じみ)だ : 검소하다, 수수하다, 눈에 띄지 않고 침착하다, 조심스럽다, 소극적이다 [= 質素(しっそ)だ, 目立たない, 飾(かざ)りのない, 控(ひか)えめだ, モダンでない, 落ち着いた, くすんだ, 黒っぽい, quiet, plain, simple, conservative, subdued, dull, dark]

⇨ 彼の生活はきわめて<u>地味であった</u>。〔プ英〕

He lived very simply.

그의 생활은 매우 검소했다.

⇨ このネクタイは彼には地味だ。〔ニュ和英〕

This tie is too plain [quiet, conservative] for him.

이 넥타이는 그에게는 너무 수수하다.

⇨ 彼の演技(えんぎ)はあまりに地味だ。〔プ英〕

His (way of) acting is too restrained.

그의 연기는 너무나 눈에 띄지 않는다.

⇨ 彼は地味な性格で社交(しゃこう)は苦手(にがて)だ。

그는 소극적인 성격이어서 어울리는 것을 좋아하지 않는다.

9. 本家本元(ほんけ-ほんもと) : 원조, 근본, 뿌리 [= 本家を強調して言う語, いちばん大本(おおもと)の家, 元祖(がんそ), the originator, the root]

⇨ たこ焼(や)きの本家本元は大阪だ。〔泉〕

다코야키의 원조는 오오사카이다.

⇨ これぞ本家本元！韓国直送(ちょくそう)キムチが買えるお店。〔yp, お店の広告〕

바로 이것이 원조! 한국 직송 김치를 살 수 있는 가게.

⇨ この計画の本家本元は鈴木氏だ。〔プ英〕

Mr. Suzuki was the originator of this project.

이 계획의 근본(창안자)은 스즈키씨다.

⇨ 闘牛(とうぎゅう)の本家本元はスペインだ。〔プ英〕

The bullfight originated in Spain.

투우의 뿌리는 스페인이다.

10. かくて : (접) 이렇게 해서, 이리하여, 그리하여 [= こうして, このようにして, かくして, 前に述べた事柄を受けてあとの事柄が起こることを表す]

⇨ かくて一年が過(す)ぎた。〔泉〕

이렇게 해서 일 년이 지났다.

⇨ かくて条約(じょうやく)は結(むす)ばれるに至(いた)った。

이렇게 해서 조약은 체결되게 이르렀다.

⇨ かくてローマは滅(ほろ)びた。

이리하여 로마는 멸망했다.

⇨ かくて運命の扉(とびら)は開(ひら)かれた。〔yp〕

그리하여 운명의 문은 열렸다.

11. 軌道(きどう)に乗(の)る : (일이 계획했던 대로) 순조롭게 진행되다, 궤도에 오르다 [= 物事が計画したとおり順調(じゅんちょう)に進行(しんこう)するようになる]

⇨ 経営(けいえい)がやっと軌道に乗る。〔林〕

경영이 가까스로 순조롭게 진행되다.

⇨ 私たちの計画は軌道に乗っている。〔ニュ和英〕

Our plans are running smoothly [well under way].

우리의 계획은 잘 진행되고 있다.

⇨ 事業は軌道に乗らなかった。〔プ英〕

The undertaking never got off the ground.

사업은 궤도에 오르지 않았다.

⇨ かくて中国の近代現代の文学研究は初めて本格的な軌道に乗り、さまざまな作品作家に対する厳密な検証と評価が行なわれるようになった。〔머리V, 본문〕

이리하여 중국의 근대현대문학연구는 비로소 본격적인 궤도에 올랐으며, 여러 가지 작품 작가에 대한 엄밀한 검증과 평가가 이루어지게 되었다.

cf) 軌道(きどう) : 천체의 궤도, 궤도, 선로 [= ある事柄の過程, an orbit, a track, a railroad track]

⇨ 気象衛星(きしょう-えいせい)を地球を回る軌道に乗せる。〔ニュ和英〕

put [launch] a weather satellite in [into] orbit around the earth.

기상 위성을 지구를 도는 궤도에 올리다.

⇨ 計画を軌道に乗せる。put a plan on track.

계획을 궤도에 올리다.

⇨ 軌道を敷(し)く。lay railroad tracks a line.

철도의 궤도를 깔다.

12. 受(う)け止(と)める : 받다, 막다, 저지하다, 받아들이다 [= 受けて支(ささ)える, 捕(つか)まえる, 攻撃(こうげき)などを食(く)い止(と)める, 防(ふせ)ぐ, しっかりととらえる, 意見などを解(かい)する, 反応(はんのう)する, catch, take, react to]

⇨ ボールを片手(かたて)で受け止めた。

He caught the ball with one hand.

볼을 한 손으로 받았다.

⇨ ボールを受け止めたが一塁(いちるい)に投げるのは間(ま)に合(あ)わなかった。〔プ英〕

He stopped [gloved] the ball but couldn't throw it to first in time.

볼을 받았지만 일루에 던지는 것이 늦었다.

⇨ 敵(てき)の攻撃を受け止める。

stop the enemy's attack.

적의 공격을 저지하다.

⇨ その問題を君はどう受け止めるのか。〔プ英〕

How are you going to respond to the problem?

그 문제를 너는 어떻게 이해하는가?

⇨ 彼女は冷静(れいせい)に事態を受け止めた。

She faced the situation calmly.

그녀는 냉정하게 사태를 받아들였다.

13. 派手(はで)だ : 화려하다, 화사하다, 야하다, 정도가 심하다 [= はなやかだ, 人目(ひとめ)を引く, けばけばしい, ぜいたく, 大げさだ, showy, loud, gaudy, luxury ↔ 地味だ]

⇨ この服は私には派手過ぎます。〔プ英〕

This dress is too colorful [loud] for me.

이 옷은 나에게는 너무 화려합니다.

⇨ その車ははでさはないが信頼性(しんらいせい)は高い。〔ニュ和英〕

The car is not showy [fancy] but very trustworthy.

그 차는 화려함은 없지만 신뢰성은 높다.

⇨ 派手な文体。a gaudy style.

지나치게 꾸민 문체.

⇨ 彼は金遣(かねづか)いが派手だ。〔プ英〕

He is very free with his money.

그는 돈 씀씀이가 심하다.

⇨ その子は派手に泣き出した。〔プ英〕

The child began to wail loudly.
그 아이는 크게 울기 시작했다.

14. 格式(かくしき)ばる : 격식을 차리다 [= 礼儀(れいぎ)·作法(さほう)などを重(おも)んじて堅苦(かたくる)しく振(ふ)る舞(ま)う]

⇨ 格式ばった挨拶(あいさつ)。
격식을 차린 인사.

⇨ 格式ばった披露宴(ひろうえん)。
격식을 차린 피로연.

cf) N+ばる : (접미) (지나치게) ~처럼 행동하다, ~을 차리다, ~해지다, ~처럼 되다 [=「は(張)る」의 접미어화, その様子が普通以上に顕著(けんちょ)であるさまの意, その事を強く押(お)し通(とお)すさまの意を表す]

⇨ 最後までがんばるぞ。 [頑張(がんば)る -- 힘내다, 「我(が)+張る」 또는 「眼(がん)+張る」에서 변화됨]
I'll stick it out!
마지막까지 힘내자!

⇨ 何でも手に入れようと欲張るものではない。[欲(よく)ばる -- 욕심을 부리다, 「欲+ばる」에서]
You should not be so anxious [eager] to

get everything.

뭐든지 손에 넣으려고 욕심 부리는 것은 아니다.

⇨ そう四角ばらずにお楽になさってください。[四角(しかく)ばる -- 긴장하다, 「四角+ばる」에서]

Please don't stand on ceremony.

그렇게 긴장하지 말고 편하게 하세요.

⇨ もうちょっと気張らなきゃ。[気張(きば)る -- 분발하다, 「気+張る」에서]

We must try a little harder.

좀 더 분발해야 돼.

⇨ 儀式張ったことは抜きにしよう。[儀式張(ぎしきば)る -- 격식을 차리다, 「儀式+張る」에서]

격식을 차리는 것은 빼자.

⇨ 彼は顔[表情]をこわばらせた。[強張(こわば)る -- 굳어지다, 「こわ+ばる」에서]

His face was stiffened.

그의 얼굴이 굳어졌다.

⇨ 彼は会社ではいつもいばり散らしている。[威張(いば)る -- 뽐내다, 「い+ばる」에서]

He is always really bossy in the office.

그는 회사에서는 언제나 뽐내고 있다.

15. 例(れい) : 관례, 풍습, 습관 [= 以前から世に行われて

いる事柄(ことがら), 慣例(かんれい), 個人的(こじんてき)な習慣(しゅうかん), 社会的な習慣, しきたり, ためし]

⇨ 元旦(がんたん)には初詣(はつもう)でをするのが例となっている。〔林〕

새해 첫날에는 신사에 참배를 하는 것을 관례로 하고 있다.

⇨ 一般選挙後の最初の議会(ぎかい)は、議員(ぎいん)の請求(せいきゅう)によって招集(しょうしゅう)されるのが例である。〔yp, 市議会先例集〕

일반선거 후 최초의 의회는 의원의 청구에 의해서 소집되는 것이 관례이다.

⇨ 朝食に雑煮(ぞうに)を食べるのが新年の例だ。〔プ英〕

It is a custom to eat zoni on New Year's morning.

아침 식사에 설날 떡국을 먹는 것이 신년의 풍습이다.

⇨ 彼は夏休みは海辺(うみべ)で過(す)ごすのが例になっている。〔ニュ和英〕

He has the habit [custom] of spending his summer vacation by the seaside.

그는 여름방학 때 바닷가에서 보내는 것을 습관으로 하고 있다.

16. 申(もう)し合(あ)わせる : 의논하여 정하다, 합의하다, 약

속하다 [= 相談して取(と)り決(き)める, 話し合って約束する,「言い合わせる」の謙譲語, 相談申しあげる, arrange, make an arrangement with, agree on]

⇨ 二人の出会(であ)いはまるで申し合わせたようだった。

The two met almost as if it had been prearranged.

두 사람의 만남은 마치 약속이나 한 듯했다.

⇨ 全員(ぜんいん)が申し合わせて白のユニフォームを着た。〔プ英〕

By agreement they all wore white uniforms.

전원이 합의하여 흰색 유니폼을 입었다.

⇨ 彼と利益(りえき)の分配(ぶんぱい)について[利益は等分(とうぶん)しようと]申し合わせた。〔ニュ和英〕

I arranged with him about the division of profits.

그와 이익의 분배에 대해 합의했다.

cf) 申(もう)し合(あ)わせ : 합의, 약정, 약속 [= 取(と)り決(き)め, 合意(ごうい), 承諾(しょうだく), an arrangement, an agreement, consent]

⇨ 申し合わせ事項(じこう)。an agreed item.

합의 사항.

⇨ 申し合わせにより。by arrangement.

약정에 의함.

⇨ そのことについて彼と申し合わせができている。

［ニュ和英］

We are in [came to an] agreement with him about it.

그것에 대해 그와 약속이 되어 있다.

17. 日頃(ひごろ) : 평시, 평소, 오래 동안 [= 平生(へいぜい), いつも, 長(なが)らく, usually, always, for a long time]

⇨ 彼は日ごろは少食(しょうしょく)だ。

Usually he doesn't eat much.

그는 평소에 적게 먹는다.

⇨ 私は日ごろから(= 常に)健康には気をつけている。

나는 늘 건강에는 신경을 쓰고 있다.

I always take care of my health.

⇨ 日ごろの念願(ねんがん)がかなってようやく庭付(つ)きの家が手に入(い)った。［プ英］

Our long-cherished desire to own a house with a garden came true.

평소의 염원이 이루어져 드디어 정원이 있는 집을

갖게 되었다.

⇨ <u>日ごろ</u>ごぶさたしております(手紙で)。〔プ英〕

I have not written to you for a long time.

오래 동안 소식을 전하지 못했습니다.

18. 得意(とくい) : (N) 자만, 자신이 있음, 단골, 고객, 거래처 [= 自慢(じまん), 優(すぐ)れていること, 顧客(こきゃく), 店のお客, レストランなどの常連(じょうれん), 取引先(とりひきさき), a customer, a patron, a connection]

⇨ この画家(がか)は静物(せいぶつ)を<u>得意</u>とする。

This artist's forte is still life.

이 화가는 정물화를 잘 그립니다.

⇨ 彼は<u>得意</u>の弁舌(べんぜつ)で相手を煙(けむ)に巻(ま)いた。〔プ英〕

그는 능숙한 달변으로 상대를 현혹시켰다.

⇨ 常(じょう)<u>得意</u>。a regular customer.

고정 단골.

⇨ 長年のお<u>得意</u>。an old customer.

오랜 고객.

⇨ あの店は<u>得意先</u>(さき)が多い。〔ニュ和英〕

That store has a lot of customers.

그 가게는 고객이 많다.

⇨ あの会社はアメリカにお得意が多い。〔ニュ和英〕

That firm has a large number of connections in America.

그 회사는 미국에 거래처가 많다.

cf) 得意(とくい)だ ： (Av) 자만하다, 자랑스러워하다, 의기양양하다, 숙달되어 있다, 자신이 있다 [= 自慢(じまん)だ, 誇(ほこ)りにみちる, 勝(か)ち誇(ほこ)る, 優(すぐ)れている, proud, complacent, triumphant, excel]

⇨ ちょっとうまく行ったからといって得意になってはいけない。

Don't become complacent [smug] over your small successes.

좀 일이 잘 되었다고 자만해선 안 된다.

⇨ 彼は得意になって父親の手柄話(てがらばなし)をしたものだ。〔プ英〕

He would boast triumphantly of his father's exploits.

그는 자랑삼아 아버지의 공훈담를 이야기하곤 한다.

⇨ 少年は10キロの道を歩き通したと得意顔だった。〔プ英〕

The boy told us triumphantly that he had

walked the whole course of ten kilometers.

소년은 10킬로의 길을 걸어왔다고 의기양양한 모습을 했다.

⇨ だれでも一つぐらいは得意なものがあるものだ。〔プ英〕

Everybody has at least one thing that he can do well.

누구라도 하나 정도는 잘하는 것이 있게 마련이다.

19\. 持(も)ち寄(よ)る : 갖고 오다, 각자가 가지고 모이다 [= 持って来る, 各自(かくじ)が持って寄り集まる, bring]

⇨ 彼らは食べ物を持ち寄ってパーティーを開いた。〔ニュ和英〕

They brought some food and gave a party.

그들은 음식을 갖고 와 파티를 열었다.

⇨ 不用品(ふようひん)をもちよってバザ-を開(ひら)く。

불용품을 가지고 모여 바자회를 열다.

⇨ 彼らはそれぞれ事件の情報(じょうほう)を持ち寄った。〔プ英〕

They got together, each bringing some information about the incident.

그들은 각각 사건의 정보를 모았다.

20. 浮(う)き彫(ぼ)り : 돋을 새김, 양각, 부각, 눈에 띔 [= レリーフ, 目立(めだ)たせること, あるものがはっきりと見えるようになること, a relief]

⇨ 手箱(てばこ)には精巧(せいこう)な鳥の浮き彫りがしてあった。〔プ英〕

The small box was embossed with an exquisite bird.

손궤에는 정교한 새의 양각이 새겨져 있었다.

⇨ これで疑獄(ぎごく)の深刻(しんこく)さが浮き彫りにされた。〔ニュ和英〕

This threw the seriousness of the scandal into relief.

이렇게 하여 스캔들의 심각함이 부각되었다.

⇨ モンブランが青空にくっきりと浮き彫りになっていた。〔プ英〕

Mont Blanc stood out in sharp relief against the blue sky.

몽블랑이 푸른 하늘에 선명하게 눈에 띄었다.

머리말본문 번역

고노 시노부 교수를 도쿄대학 문학부에 초빙한 이후 눈 깜작할 사이에 17년이 지났다. 그 온화한 풍모와 동서고금에 걸친 넓은 학식을 지니시어 지금까지 도쿄대학으로는 좀 색다르고 소프트한 연구실의 분위기가 생겼던 것이다. 옛날 도쿄대학의 학풍은 고전 연구에 치우쳐 있었고, 근대 현대의 문학 연구자는 한쪽 구석에 두는 경향이 많았는데, 교실과는 별개의 장소에서 이미 쇼와 초기부터 「중국문학연구회」의 소장 클럽이 독자적인 연구를 계속 진행해 오고 있었다. 그 멤버는 오늘날의 문학 평론계에서 눈에 띄는 활약을 하고 있으며, 왜곡된 일본인의 중국에 대한 눈을 근본적으로 바로 잡겠다는 큰 책임을 다하고 있다. 도쿄대학의 교단에서 그 역할을 한 사람은 우리들의 고노 교수이다. 그 일은 검소하지만, 본바탕에 조용한 수술을 가했다는 점에서 그 공적은 더할 나위 없이 크다.

이리하여 중국의 근대현대문학연구는 비로소 본격적인 궤도에 올랐으며, 여러 가지 작품 작가에 대한 엄밀한 검증과 평가가 이루어지게 되었다. 그래서 고노 교수의 직·간접으로 지도를 받았으며, 수많은 젊은 연구자가 길러졌다. 이 모든 이들은 이제 다음 세대를 짊어질 뛰어난 연구자·평론가가 되고 있는 것이다.

고노 교수는 화려한 축하와 격식을 차린 인사를 싫어한다. 요즘 세상은 환갑·퇴임 기념회를 성대히 행하는 것이 풍습이지만, 이번은 모두 「고노 식으로」라는 것을 우리들끼리 결정했다. 그래서 大安(Daan)서점의 협력을 얻어서, 이들 소장 연구자들이 평소에 좋아하는 테마를 선별·수집하여 이 한 권의 책을 편찬하여 고노 교수에게 감사를 표시하게 되었다. 신생 중국이 안고 있는 고민과 그 산물인 중국문학 연구가 갖고 있는 여러 가지 흥미와 문제점이 이 책 속에 뚜렷이 부각되어 있다. 오염 없는 청신한 눈으로 포착한 중국문학의 영상을 독자는 이 책 여기저기에서 발견할 수 있을 것이다.

1967년 4월 15일 도오토 아키야스

제10장

和歌大辞典

俳句(はいく)の聖人、松尾芭蕉(まつおばしょう、1644～1694)の「奥の細道」MAP。詳細の内容は、「bashouan.com」ご参照。

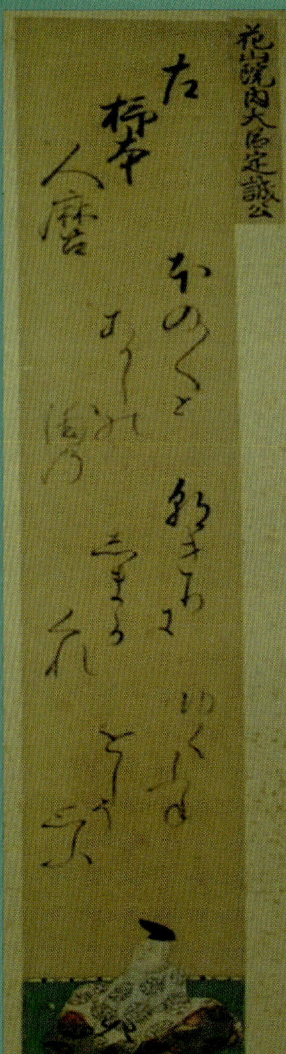

7C頃、三十六歌仙の一人、和歌の神様、柿本人麿(カキモトノヒトマロ)。

<翻刻>
左　柿本人麿
ほのぼのとあかしの浦の
朝ぎりにしまがくれ
ゆくふねをしぞ思ふ

[貞享(1684～1688)頃写、折帖一冊]

《제10장》

출전

犬養廉(いぬかいきよし)・井上宗雄(いのうえむねお)外編, 『和歌大辞典』, 明治書院, 1989年 1月 再版 (1986年 3月 初版)

(도서청구번호 : 813.102 견63ㅎ)

머리말 본문

序

和歌が文学の根幹として、あるいは最高の古典的形式としてわが国の学芸を培い、[1]その影響のあまねく[2]文化全般に及ぶことは改めていうまでもないであろうが、この和歌ならびに和歌史に対する省察・研究の歴史もまた長くかつ深長な[3)]ものがあった。その成果は継承発展をみて今日に至っているが、特に戦後は研究者層の厚さ、研究機関・手段の整備拡充などの諸条件にも恵まれ、かつてない[4)]盛況を呈している。[5)]これらの蓄積された諸業績を整理し紹介する仕事、たとえば論文・資料の目録や復刻叢書の編修・刊行は、研究者にとって不可欠のものであるが、同時に尨大な[6)]これらの知識を集成し解説する辞書のそれも、劣らず緊要といわなければならない。もしそこに単に研究者のためばかりでなく、まさしく[7)]国民文学とよぶべき和歌ならびに和歌史に関する的確な知見を真に万人のものとするという観点を加えるなら、その意義は一層ゆるぎない[8)]ものとなるであろう。

本書はこうした時代の要請に応うべきものとして企画編修されたもので、対象を古典和歌にとり、したがって時代を上代から近世までに限り、その範囲で最も詳密でしかも総合的な和歌辞典であることを期している。小項目主義を採って作者・作品をはじめ関係の諸事象ならびに専門用語の網羅に[9]努めたのはそのためであり、また狭く和歌にのみ捉われず、[10]必要な項目を隣接の諸ジャンルに求めたのもこのためである。解説は客観的記述を旨として、しかも平易簡潔に最新の研究成果を理解できるよう工夫し、代表的テキスト、主要な参考文献の紹介にも意を用いた。[11]付録としては年表と叢書収録歌書一覧を加えた。前者は本文の諸項目を関連づけ整序する[12]一助に、[13]後者は本文所掲のテキスト、参考文献の補助となるべきものであるが、別に独立の資料としても読者の手引きとなるであろう。

本書が明治書院の創業九十周年の記念出版として企画され着手してから早くも十年、ようやく上梓の運び[14]となるについて、改めて顧みられるのは、[15]

直接間接高庇に[16]あずかった先学の業績であり、深甚[17]の敬意を表したい。執筆者の芳名は[18]別掲に譲るが、終始協力を惜しまれなかったその芳情も[19]感謝にたえぬものである。

最善の努力を傾注したはずの仕事であるが、もとより至難[20]の事業ではあり、みずからの非力を[21]自覚させられることもまた多い。しかし幸い読者の厚情に迎えられ、古典和歌の研究ないし鑑賞のための一道標として、[22]今後にいささかでも寄与することができるとすれば、これに勝る喜びはない。

昭和 61年 3月　　編 者

한자의 読み方

和歌(わか) : 와카(일본고유의 시)
最高(さいこう) : 최고
影響(えいきょう) : 영향
及(およ)ぶ : 미치다, 이르다
深長(しんちょう) : 깊이가 있고 복잡함
継承(けいしょう) : 계승
手段(しゅだん) : 수단
拡充(かくじゅう) : 확충
恵(めぐ)まれる : 혜택을 받다, 풍족하다
蓄積(ちくせき)する : 축적하다
整理(せいり)する : 정리하다
編修(へんしゅう) : 편수
不可欠(ふかけつ) : 불가결
集成(しゅうせい)する : 집성하다
的確(てきかく)だ : 정확하다
意義(いぎ) : 의의, 뜻, 가치
要請(ようせい) : 요청
企画(きかく) : 기획
上代(じょうだい) : 상대
範囲(はんい) : 범위
総合的(そうごうてき) : 종합적
小項目(しょうこうもく) : 소 항목
諸事象(しょじしょう) : 모든 사실과 현상
網羅(もうら) : 망라, 남김없이 수록
記述(きじゅつ) : 기술
平易(へいい) : 평이, 쉬움
最新(さいしん) : 최신
根幹(こんかん) : 근간, 근본
学芸(がくげい) : 학예
全般(ぜんぱん) : 전반
省察(せいさつ) : 성찰
成果(せいか) : 성과
厚(あつ)さ : 두터움, 두께, 두꺼움
整備(せいび) : 정비
諸条件(しょじょうけん) : 모든 조건
盛況(せいきょう) : 성황
諸業績(しょぎょうせき) : 모든 업적
復刻叢書(ふっこくそうしょ) : 출판물 시리즈
刊行(かんこう) : 간행
尨大(ぼうだい) : 방대
緊要(きんよう) : 긴요
知見(ちけん) : 견식, 깨달음
一層(いっそう) : 한층 더, 더욱
応(おう)う : 부응하다, 응하다
対象(たいしょう) : 대상
近世(きんせい) : 근세
詳密(しょうみつ) : 상세, 세밀
期(き)する : 기대하다, 기약하다
採(と)る : 채택하다, 채용하다
専門用語(せんもんようご) : 전문용어
隣接(りんせつ) : 인접
旨(むね) : 취지, 뜻
簡潔(かんけつ) : 간결
工夫(くふう)する : 여러 가지로 궁리하디

参考文献(さんこうぶんけん) : 참고문헌
付録(ふろく) : 부록
年表(ねんぴょう) : 연표, 연대표
叢書(そうしょ) : 총서
収録(しゅうろく) : 수록
一覧(いちらん) : 일람
整序(せいじょ) : 순서를 정리하는 것
一助(いちじょ) : 일조, 약간의 도움
補助(ほじょ) : 보조
手引(てび)き : 안내, 안내인
本文所掲(ほんぶんしょけい) : 본문 게재
創業(そうぎょう) : 창업
周年(しゅうねん) : 주년
着手(ちゃくしゅ)する : 착수하다
上梓(じょうし) : 도서를 출판하는 일
先学(せんがく) : 학문상의 선배
業積(ぎょうせき) : 업적
高庇(こうひ) : (존경) 후의·은혜(= おかげ)
深甚(しんじん) : 뜻이나 마음이 깊음
芳名(ほうめい) : (존경) 방명, 존함
別掲(べっけい) : 따로 게재함
譲(ゆず)る : 게재하다, 뒤로 미루다
終始(しゅうし) : 시종, 내내, 줄곧
芳情(ほうじょう) : (존경) 후의
最善(さいぜん) : 최선
至難(しなん) : 매우 어려움
傾注(けいちゅう)する : 경주하다, 힘을 기울이다
事業(じぎょう) : 사업
自覚(じかく)する : 자각하다
非力(ひりき) : 실력·능력이 약함, 무력
鑑賞(かんしょう) : 감상
厚情(こうじょう) : 친절한 마음, 두터운 정
道標(どうひょう) : 도표, 길잡이
寄与(きよする) : 기여하다

주해

1. 培(つちか)う : 가꾸다, 배양하다, (능력 등을) 기르다 [= 草木(くさき)を育てる, 養(やしな)う, 育成(いくせい)する, raise, grow, foster, cultivate]

⇨ 温室(おんしつ)で培われた花。[プ英]
a flower raised in a greenhouse.
온실에서 가꾼 꽃.

⇨ 愛国心(あいこくしん)を培う。
애국심을 배양하다.

⇨ 健全(けんぜん)な精神を培う。
cultivate a sound mind.
건전한 정신을 기른다.

2. あまねく : (부) 널리, 두루, 보편적으로, 모든 곳에 [= 文語 「あまねし」의 연용형에서, もれなくすべてに及んでいるさま, 広く, 一般に, 普遍的(ふへんてき)に, あらゆる所に, extensively, widely, generally, universally, everywhere]

⇨ その事実は国内あまねく知れ渡った。[プ英]

The fact was known throughout [all over] the country.

그 사실은 국내 널리 알려졌다.

⇨ 国民には<u>あまねく</u>その事実を知らせるべきである。〔プ英〕

The general public must be informed of the fact.

국민에게는 널리 그 사실을 알려야 하는 것이다.

⇨ 国内<u>あまねく</u>(= 国中 くにじゅう)。〔ニュ和英〕

all over [throughout] the country.

국내 어디에도

3. 深長(しんちょう)だ : 깊이가 있고 복잡하다 [= 意味するところが奥深く含みの多いさま, profound, 深重로 씀은 잘못]

⇨ 彼は意味<u>深長な</u>笑みを浮かべて私を見た。〔プ英〕

He looked at me with a meaningful smile.

그는 의미심장한 미소를 띠면서 나를 보았다.

⇨ 彼が昨夜来なかったのは意味<u>深長である</u>。〔プ英〕

It is significant that he didn't turn up last night.

그가 어젯밤 오지 않은 것은 깊은 의미가 있다.

⇨ 娯楽が有つ<u>深長な</u>意義にもっと注意を払わなければいけない。〔yp, 娯楽論〕

오락이 갖는 깊은 의의에 더욱 주위를 기우려야한다.

⇨ 「人はみな大河(たいが)の一滴(いってき)」という言葉の深長な意味は、今まで誰も触(ふ)れることのなかった胸の奥(おく)の方に強く響(ひび)いた。〔yp, 新刊感想〕

「사람은 모두 큰 강의 물 한방울」이라고 하는 말의 깊은 의미는, 지금까지 누구도 응급하지 못한 내면을 강하게 울려 주었다.

4. かつてない : 일찍이 없는, 유례 없는 [= これまでに一度も～ない, never]

⇨ かつてない寒い日だ。〔プ英〕

This is the coldest day we have ever had.

전례가 없는 추운 날이다.

⇨ 彼女はかつてないほど泣いた。〔ニュ和英〕

She cried as she had never cried before.

그녀는 그렇게 울었던 일이 없다.

⇨ 強烈(きょうれつ)な個性とかつてない走りが、スポーツドライビングに伝説を刻(きざ)み続けるSELESPEED.〔yp, 自動車PR〕

강렬한 개성과 유례 없는 주행이 스포츠 드라이빙에 전설을 새겨 나가는 셀레스피드.

5. 呈(てい)する : 증정하다, 나타내다, 드러내다, 띠다 [= 進呈(しんてい)する, 示(しめ)す, give, present]

⇨ 記念に自著(じちょ)を呈する。〔泉〕

기념으로 자기 저서를 증정하다.

⇨ 彼らの努力に賛辞(さんじ)を呈しましょう。

Let's praise them for their efforts.

그들의 노력에 찬사를 보냅시다.

⇨ 爆発現場は惨状(さんじょう)を呈していた。〔プ英〕

The scene of the explosion presented [was] a tragic sight.

폭발 현장은 참상을 드러내고 있었다.

⇨ その問題はますます泥沼(どろぬま)の様相(ようそう)を呈している。〔プ英〕

The problem appears to be getting into an even deeper quagmire.

그 문제는 더욱 더 수렁에 빠진 양상을 띠고 있다.

6. ぼうだいだ(尨大だ·厖大だ·膨大だ) : 방대하다 [= 量や規模(きぼ)が非常に大きい]

⇨ 尨大な計画。

방대한 계획.

⇨ 厖大な人員(じんいん)を投入(とうにゅう)する。〔林〕

방대한 인원을 투입한다.

⇨ 損害(そんがい)は尨大になった。

손해는 어마어마하게 되었다.

⇨ 膨大な情報の中から自分が必要とする情報を探(さ

が)し出すことは非常に困難(こんなん)です。〔yp〕
방대한 정보 중에서 자신이 필요로 하는 정보를 찾아내는 것은 매우 난처한 일입니다.

7. 正(まさ)しく : 확실히, 의심 없이, 정말로, 실로 [= 確(たし)かに, 疑(うたが)いなく, 本当に, certainly, surely, beyond any doubt, really]

⇨ これはまさしく今までに見た最高の映画だ。〔ニュ和英〕
This is certainly [surely] the best movie I've ever seen.
이것은 확실히 지금까지 본 것 중에서 최고의 영화다.

⇨ 写真に写っている帽子の男は正しく私の夫です。〔プ英〕
The man wearing the hat in the picture is definitely my husband.
사진에 찍혀있는 모자 쓴 남자는 분명 나의 남편입니다.

⇨ テープの声は正しく昨日の電話の声だ。〔プ英〕
The tape-recorded voice is the very same voice I heard over the phone yesterday.
녹음 테이프의 소리는 의심 없이 어제의 전화 그 목소리다.

⇨ 正しく僕の推察(すいさつ)した通りだ。〔プ英〕
It is just as I conjectured.
정말로 내가 추측한 대로다.

⇨ 彼らの探検(たんけん)への情熱(じょうねつ)は、まさしく

未知への挑戦(ちょうせん)ともいうべきものだ。〔例文〕
그들의 탐험에 대한 정열은 실로 미지로의 도전이라고도 해야 할 것이다.

8. 揺(ゆ)るぎない : 흔들림 없다, 확고 부동하다, 견고하다, 안정되다 [= 堅(かた)い, 堅固(けんご)だ, しっかりした, 安定する, firm, solid, secure, steady]

⇨ 揺るぎない友情(ゆうじょう)。steady friendship.
흔들림 없는 우정.

⇨ ゆるぎない地位(ちい)をきずく。
확고 부동한 지위를 쌓다.

⇨ 揺るぎない信念(しんねん)。〔ニュ和英〕
an unshakable [a firm] belief.
확고한 신념.

⇨ 揺るぎない基盤(きばん)の上に。〔プ英〕
on a firm foundation [basis].
견고한 기반 위에.

9. 網羅(もうら) : 망라, 남김없이 모우거나 갖춤 [= 물고기 잡는 그물(網)과 새 잡는 그물(羅)이란 뜻에서, そのことに関するすべてを残らず集めること]

⇨ 各界(かくかい)の代表を網羅する。〔林〕
각계의 대표를 망라하다.

⇨ 必要な資料を網羅する。

필요한 자료를 모우다.

⇨ あらゆる問題点を網羅している。〔プ英〕

This covers all the questions.

모든 문제점을 갖고 있다.

⇨ この研究は湾内(わんない)の公害を網羅したものだ。〔プ英〕

This is an all-inclusive study of pollution in the bay.

이 연구는 만내의 공해를 망라한 것이다.

10. とらわれる(捉われる·捕われる·囚われる) : 사로잡히다, 잡히다, 구애되다, 얽매이다 [= つかまえられる, とらえられる, 固定した価値観や考え方などに拘束(こうそく)される, こだわる]

⇨ 敵(てき)に捉われる。

적에 사로잡히다.

⇨ 獄窓(ごくそう)に捉われる。

감옥에 갇히다.

⇨ 目先(めさき)のことに捉われる。〔泉〕

눈앞의 일에 사로잡히다.

⇨ 過去の因習(いんしゅう)に捉われる。〔林〕

과거의 인습에 얽매이다.

⇨ 先入観(せんにゅうかん)に捉われる。

선입관에 얽매이다.

11. 意(い)を用(もち)いる : 신경을 쓰다, 마음을 쓰다, 배려하다, 주의하다 [= 気を配(くば)る, 気にかける, 気を使う, 心を配る, 注意する, pay attention to, worry about]

⇨ 彼女は身(み)のまわりにも<u>意を用い</u>た。

그녀는 장신구에까지 신경을 썼다.

⇨ 彼は学生たちの健康に大いに<u>意を用い</u>ている。〔プ英〕

He pays careful attention to the students' health.

그는 학생들의 건강에 대단히 신경을 쓰고 있다.

⇨ 社会福祉(ふくし)の向上(こうじょう)に<u>意を用いる</u>。〔林〕

사회 복지의 향상에 마음을 쓰다.

⇨ 健康の維持(いじ)に<u>意を用いる</u>。〔泉〕

건강 유지에 주의하다.

12. 整序(せいじょ)する : 질서 있게 정리하다 [= 物事を秩序(ちつじょ)だてととのえること]

⇨ 身分(みぶん)関係で<u>整序</u>された封建(ほうけん)社会。〔泉〕

신분 관계로 질서 있게 정리된 봉건사회.

⇨ 次の文章は概念的(がいねんてき)に<u>整序</u>された文章

ではない。これを概念的な文章に書き換(か)えてみよう。

〔yp, 概念化の練習〕

다음의 문장은 개념적으로 정리된 문장은 아니다. 이것을 개념적인 문장으로 바꾸어 써 보자.

⇨ これは、現代では上下(じょうげ)階層関係に整序されたピラミッド型の秩序ないし組織をさします。〔yp, 知恵袋〕

이것은, 현대에서는 상하 계층 관계에 질서 있게 정리된 피라미드형의 질서 내지 조직을 가리킵니다.

13. 一助(いちじょ) : 일조, 약간의 도움 [= わずかばかりの助け, 少しの足(た)し, a help, an aid]

⇨ 家計(かけい)の一助とする。〔泉〕

가계에 도움이 되다.

⇨ 彼は難民救済(なんみんきゅうさい)の一助として10万円を寄付(きふ)した。〔プ英〕

He donated a hundred thousand yen to help the refugees.

그는 난민 구제의 일조로서 10만 엔을 기부했다.

⇨ わずかだが奨学資金(しょうがくしきん)の一助としてください。〔プ英〕

Here is a modest contribution to the scholarship fund.

얼마 안 되지만 장학 자금에 약간 도움이 되도록 해 주십시오.

14. 上梓(じょうし)の運(はこ)び : 저서 출판의 단계

⇨ 十五年ほど前に企画(きかく)が決まってようやく上梓の運びとなった。〔yp, Book Reviews〕
15년 정도 전에 기획이 정해져 가까스로 출판의 단계가 되었다.

cf) 上梓(じょうし) : 상재, 출판 [= 文字を版木(はんぎ)に刻(きざ)むこと, 書物を出版すること, 梓(あずさ)の木を版木に用いたところから]

⇨ 論文をまとめて上梓する。〔泉〕
논문을 정리해 출판하다.

⇨ 処女作(しょじょさく)を上梓する。〔林〕
처녀작을 출판하다.

cf) 運(はこ)び : 운반, 걸음, 구성, 일의 진행방법, 단계 [= 運ぶこと, 歩くこと, 進め方, 進行(しんこう), progress]

⇨ 荷物運びを手伝いましょうか。
Shall I help you carry [with] your bags?
짐 운반을 도와 드릴까요?

⇨ たびたび拙宅(せったく)にお運びいただきありがとうございます。〔プ英〕
Thank you very much for taking the trouble

to call on us so often.

자주 저희 집에 와 주셔서 고맙습니다.

⇨ あの物語の運びには無理がある。〔プ英〕

The plot of the story is rather forced.

그 이야기의 구성에는 무리가 있다.

⇨ 会の運び。the progress of a meeting.

회의의 진행 방법.

⇨ 辞典は出版の運びに至った。〔プ英〕

The dictionary is ready for publication.

사전은 출판의 단계에 이르렀다.

15. かえりみる(顧みる·省みる) : 돌아보다, 반성하다, 고려하다 [= 振(ふ)り返(かえ)る, 回顧(かいこ)する, 反省する, 世話(せわ)をする, 心に掛ける, look back on, reflect on, think of, take notice of]

⇨ 子供のころを顧みるとつらいことが多かった。

Looking back on my childhood, I realize it was full of hardships.

어렸을 적을 되돌아 보면 힘든 일이 많았다.

⇨ 自分のしたことを顧みると痛恨(つうこん)の念(ねん)に堪(た)えない。〔プ英〕

Reflecting on what I did in those days, I feel deep regret.

자신이 한 것을 반성해 보면 통한을 금할 수 없다.

⇨ 彼らの批判(ひはん)も顧みず彼は計画の遂行(すいこう)にとりかかった。〔プ英〕

Ignoring [Despite] their criticism, he went ahead with his plans.

그들의 비판도 고려하지 않고 그는 계획 수행에 착수했다.

16. 高庇(こうひ) : (존경) 후의·은혜·원조·비호의 존경어 [= 他人を敬ってその人から受けた厚意(こうい)·援助(えんじょ)·庇護(ひご)などをいう語, おかげ, おたすけ]

⇨ 長年の経験を十二分に発揮(はっき)し、高庇を戴(いただ)いてまいりました客先各位(きゃくさきかくい)のご指導·ご愛顧(あいこ)による賜物(たまもの)と感謝いたしております。〔yp, ご挨拶〕

오랜 세월의 경험을 마음껏 발휘하여 은혜를 받은 거래처 여러분의 지도·관심 어린 애정에 의한 덕분에 감사하고 있습니다.

⇨ 社長在任中(ざいにんちゅう)は公私(こうし)とも格別のご高庇ご懇情(こんじょう)を賜(たまわ)り誠に有難く衷心(ちゅうしん)より御礼申し上げます。〔yp, 挨拶状〕

사장 재임 중에는 공적 사적 업무 모두 각별한 은혜·온정을 받아 정말로 고맙고 충심으로 사례 말씀드립니다.

17. 深甚(しんじん) : (N, -だ Av) 심심함, (뜻이나 마음이) 매우 깊음, 보통이 아닌 것 [= 意味や気持ちなどが非常に深いこと, ひととおりではないこと, 甚深(じんしん)]

⇨ 深甚なる感謝を捧(ささ)げたい。〔プ英〕

I would like to express my deep gratitude to you.

심심한 감사를 드리고 싶다.

⇨ 私の深甚なる弔意(ちょうい)を米国民に表明(ひょうめい)する。〔yp, しびれた一言〕

나의 심심한 조의를 미국 국민에게 표명한다.

⇨ 今回の打ち上げ実施にご協力いただいた関係各方面、ならびに国民の皆様に深甚の謝意を表します。〔yp, 衛星打上げ成功〕

이번 발사 실시에 협력해 주신 관계 각 분야 및 국민의 여러분에게 심심한 사의를 나타냅니다.

⇨ コロンビア事故に関する報告書は、NASAの史上(しじょう)最も深甚な意味を持つ。〔yp, コロンビア号〕

콜롬비아 사고에 관한 보고서는, NASA의 역사상 매우 깊은 의미를 가진다.

18. 芳名(ほうめい) : (존경) 방명, 존함, 명예 있는 이름, 명성 [= 相手を敬ってその姓名(せいめ

い)をいう語, お名前, 誉(ほま)れのある名, よい評判, 名声(めいせい), your honored name, a good reputation]

⇨ 御芳名はかねてより承知いたしております。〔泉〕

존함은 전부터 알고 있습니다.

⇨ ご芳名のよみがなが違う場合、ご面倒(めんどう)ですが、本会までご一報(いっぽう)願います。〔yp, 募金寄付者〕

성함의 요미가나가 다른 경우, 귀찮으시겠지만 본회까지 알려주시기 바랍니다.

⇨ 書きやすく見やすい、高級感のある芳名録(ほうめいろく)。〔yp, 文房具〕

쓰기 쉽고 보기 쉬운 고급스러운 방명록.

⇨ 芳名を後世(こうせい)に残す。

명성을 후세에 남기다.

19. 芳情(ほうじょう) : (존경) 타인의 후의(厚誼) [= 他人の親切な心遣(こころづか)いや気持ちを敬(うやま)っていう語, 芳志(ほうし), 芳心(ほうしん), Your good wishes]

⇨ 御芳情かたじけなく存じます。〔泉〕

후의에 대하여 감사드립니다.

⇨ 入院加療中(かりょうちゅう)は種々ご心配賜(たまわ)り、且(か)つ又結構(けっこう)なお見舞(みまい)を頂戴(ちょうだい)いたし、ご芳情まことに有難く厚く御礼申し上げま

す。〔yp, 文例集〕

입원 요양 중에는 여러가지로 걱정해 주셨으며, 한편 또 더할 나위 없는 병문안을 주셔서 그 후의에 진심으로 감사의 말씀드립니다.

20. 至難(しなん) : (N) 지난, 지극히 어려움, (-だ Av) 지극히 어렵다 [= この上なくむずかしいこと, きわめて難しい, most difficult]

⇨ 立ったままで眠るなんて僕には至難のわざだ。〔例文〕

It is almost impossible for me to sleep while standing.

선 채로 잠을 잔다고 하는 것, 나에게는 너무나 어려운 기술이다.

⇨ 種(たね)から育てるのって至難のわざなんです。気温がなかなか上がらない。ここは標高(ひょうこう)1,000メートル付近(ふきん)! 〔yp, 種まき日記〕

씨앗으로부터 키우는 것이란 지극히 어려운 기술입니다. 기온이 좀처럼 오르지 않는다. 여기는 표고 1,000미터 부근!

⇨ 今度の計画を遂行(すいこう)するのは至難なことだ。〔林〕

이번 계획을 수행하는 것은 너무나 힘든 일이다.

21. 非力(ひりき) : (N) 무력, 힘 약함 (-だ, Av) 역량이 모자라다, 무력하다 [= 力のない, 無力(むりょ

く)だ, powerless, helpless]

⇨ 今回の事件で己(おのれ)の非力を恥(は)じています。
I regret that I've been perfectly powerless to deal with the matter.
이번 사건으로 저의 무력함을 부끄럽게 생각합니다.

⇨ 非力な婦女子(ふじょし)。〔プ英〕
helpless women and children.
힘 약한 부녀자.

⇨ このようなリストターンするバンカーショットは、プロの観点からすると見栄(みば)えはよくないのですが、距離(きょり)が出やすいですから非力なゴルファーにはおすすめです。〔yp, ゴルフ〕
이러한 리스트 턴하는 벙커 쇼트는, 프로의 관점으로는 볼품은 좋지 않지만, 멀리 나가기 쉬우니까 힘이 약한 골퍼에게 추천해드립니다.

22. 道標(どうひょう) : 도로 표지, 도표, 길잡이, 이정표 [= 道しるべ, 通行人(つうこうにん)の便宜(べんぎ)のため方向や距離などを記して路傍(ろぼう)に立てた標識(ひょうしき), 道端(みちばた)に立てる案内の立て札(さつ), a signpost, a guidepost]

⇨ 道標に従って進む。follow the signposts.
도로 표지판을 따라 가다.

⇨ 道標の無いところで道に迷(まよ)いやすい。〔yp〕

도표가 없는 곳에서 길을 잃기 쉽다.

⇨ しかし幸い読者の厚情に迎えられ、古典和歌の研究ないし鑑賞のための一道標として、今後にいささかでも寄与することができるとすれば、これに勝る喜びはない。

〔머리V, 본문〕

그러나 다행스럽게도 독자의 뜨거운 관심을 받아 고전 와카의 연구 내지는 감상을 위한 하나의 길잡이로서, 금후 조금이라도 기여할 수 있다면 이것보다 더한 기쁨은 없을 것이다.

⇨ この道筋(みちすじ)には、今でも「むらやま道」と刻(きざ)まれた道標が立っています。〔yp, 富士山雑話〕

이 코스에는 지금도 「무라야마 도오」라고 새겨진 이정표가 서 있습니다.

머리말본문 번역

와카(和歌)가 문학의 근간으로서 혹은 최고의 고전적 형식으로서 우리나라의 학예를 배양하고, 그 영향이 널리 문화전반에 미치는 것은 새삼 말할 필요도 없겠지만, 이 와카 및 와카史에 대한 성찰과 연구의 역사도 또한 오래고도 의미심장한 면이 있다. 그 성과는 계승발전을 이루어 오늘날에 이르고 있는데, 특히 전쟁 이후에는 연구자층이 두텁고, 연구기관·수단의 정비확충 등의 모든 조건도 혜택을 받으며, 전에 없는 성황을 누리고 있다. 이들의 축적된 모든 업적을 정리하여 소개하는 일, 예를 들면 논문자료의 목록이나 복각 총서의 편수·간행은, 연구자에게 있어서 불가결한 것이지만, 동시에 방대한 이들의 지식을 집성하여 해설하는 사전도 못지않게 필요하다고 해야 한다. 만일 거기에 단순히 연구자를 위해서만이 아니라, 바로 국민문학이라고 불러야할 와카 및 와카史에 관한 정확한 지식을 실로 만인의 것으로 하여 관점을 더한다면, 그 의의는 한층 확고할 것이다.

본서는 이러한 시대의 요청에 부응하는 것으로 기획·편찬된 것이며, 대상을 고전 와카로 하여 시대를 상대(上代)에서 근세(近世)까지로 한정했으며, 그 범위에서 가장 세밀하고 종합적인 와카 사전이기를 기대하고 있다. 소항목주의를 채택하여 작자·작품을 비롯해 관계된 모든 사항 및 전문용어를 망라했던 것은 그 때문이며, 또한 좁게 와카에만 얽매이지 않고 필요 항목을 인접 모든 장르에서 찾은 것도 이 때문이다. 해설은 객관적 기술을 취지로 하였으며 게다가 평이하고 간결하게 최신의 연구 성과를 이해할 수 있도록 하였고, 대표적인 텍스트, 주요 참고문헌의 소개에도 신경을 썼다. 부록으로는 연대표와 총서 수록 가서(歌書) 일람을 덧붙였다. 전자는 본문의 모든 항목을 관련지어 순서를 정하는 데 도움이 되게 하였으며, 후자는 본문에 실린 텍스트나 참고문헌이 보조가 되는데, 별개의 독립된 자료로도 독자의 안내서가 될 것이다.

본서가 메이지書院의 창업 90주년의 기념 출판으로서 기획되어 착수한지 어언 10년, 이윽고 출판이 됨에 새삼 생각나는 것은, 직·간접으로 도움을 주신 선학들의 업적에 깊은 경의를 표시하고 싶다. 집필자의 존함은 따로 게재하겠지만 시종 협력을 아끼지 않았던 그 후의에 끊임없는 감사를 드리는 바이다.

최선의 노력을 기울여야 했지만, 처음부터 매우 어려운 사업이었으며 스스로의 능력 부족을 깨닫는 일 또한 많다. 그러나 다행스럽게도 독자의 뜨거운 관심을 받아 고전 와카의 연구 내지는 감상을 위한 하나의 길잡이로서,

금후 조금이라도 기여할 수 있다면 이것보다 더한 기쁨은 없을 것이다.

1986년 3월 편 자

색인

■ 예를 들면, 색인의 어휘가 <急がず休まず/4-31>라고 한다면, 본서의 4장에 있는 주해 31번의 어휘를 말한다.

일본어

한국어

영어